HIRAM B. DAMIN

CUSTOMER SUCCESS

O SUCESSO DAS EMPRESAS FOCADAS EM CLIENTES

Tudo que **VOCÊ PRECISA SABER** para começar uma estratégia de **CUSTOMER SUCCESS** no seu negócio

CUSTOMER SUCCESS
O SUCESSO DAS EMPRESAS FOCADAS EM CLIENTES

DVS Editora Ltda. 2019 – Todos os direitos para a língua portuguesa reservados pela Editora.

Nenhuma parte deste livro poderá ser reproduzida, armazenada em sistema de recuperação, ou transmitida por qualquer meio, seja na forma eletrônica, mecânica, fotocopiada, gravada ou qualquer outra, sem a autorização por escrito dos autores e da Editora.

Revisão: Leandro Sales
Projeto gráfico e diagramação: Raquel Serafim
Capa: Rafael Brum

```
Dados Internacionais de Catalogação na Publicação (CIP)
           (Câmara Brasileira do Livro, SP, Brasil)

    Damin, Hiram B.
       Customer success : o sucesso das empresas focadas
    em clientes / Hiram B. Damin. -- São Paulo : DVS
    Editora, 2019.

       "Tudo que você precisa saber para começar uma
    estratégia de Customer success no seu negócio."
       ISBN 978-85-8289-231-2

       1. Administração de empresas 2. Clientes -
    Contatos 3. Clientes - Satisfação 4. Planejamento
    estratégico 5. Serviço ao cliente I. Título.

19-30862                                      CDD-658.812

              Índices para catálogo sistemático:

    1. Customer success : Serviço ao cliente :
          Administração    658.812

    Maria Alice Ferreira - Bibliotecária - CRB-8/7964
```

Nota: Muito cuidado e técnica foram empregados na edição deste livro. No entanto, podem ocorrer erros de digitação, impressão ou dúvida conceitual. Para qualquer uma dessas hipóteses, solicitamos a comunicação ao nosso serviço de atendimento através do e-mail: atendimento@dvseditora.com.br. Assim poderemos esclarecer ou encaminhar sua questão.

HIRAM B. DAMIN

CUSTOMER SUCCESS

O SUCESSO DAS EMPRESAS FOCADAS EM CLIENTES

São Paulo, 2019
www.dvseditora.com.br

AGRADECIMENTOS

Aos mestres, com carinho.

Nasci em uma família de professores. Meus avós foram professores, a maioria dos meus tios e minhas tias também teve o mesmo ofício, e meus pais, que são os eternos professores da minha vida, também ensinaram empresas e alunos com aulas e consultorias. Todos professores.

A eles eu agradeço pela inspiração de ensinar e deixar um legado de conhecimento às pessoas. Hoje, se eu creio que tenha uma missão na vida essa é a de ensinar, e foi isso que me inspirou e me fez trabalhar na criação deste livro.

Mas há uma pessoa em especial, dentre tantas que preciso agradecer, chamada Rafael Rez. Em 2018, em um evento conversando com esse cara, ele me disse: "Escreve um livro, minha vida foi antes e depois de escrever o meu". Fiquei com aquilo na cabeça e coloquei como meta de ano novo de 2019 escrever um livro.

Os meses se passaram e nada de escrever. Conversando novamente com ele, eu disse que tinha começado e agradecia pela conversa que tivemos no ano anterior. Novamente ele lança uma frase: "Boa! Termina de escrever que vou te indicar a uma editora". Aquela frase me deu um ânimo tão grande que praticamente todas as páginas deste livro foram escritas em 40 dias. A esse mestre um agradecimento especial.

Claro que não fiz tudo aqui sozinho. Não caberia aqui tantos nomes e certamente faltariam muitos outros. A cada um que me ajudou, com certeza vou agradecer pessoalmente, pois esta obra não se faria com a qualidade que está sem o apoio de tantos profissionais talentosos que olharam cada capítulo e me ajudaram com apontamentos muito importantes. Eles também me ensinaram muito.

A todos os mestres, muito obrigado.

SUMÁRIO

Prefácio 13
    Um serviço de assinatura, um bar e um Customer Success 13

1. O que é Customer Success 19
    Customer Success não é um cargo é uma mudança de mentalidade ... 20
    Vendas x Renovação.
    O que faz uma empresa crescer? 21
    Renovação de contas é um ótimo negócio 21
    Gerente de Contas, Atendimento ao Cliente e Customer Success.
    Quem é o protagonista desta história? 26
    Papéis básicos do Customer Success Manager 27
    Quem forma uma equipe de Customer Success 27
    Em busca do Wow Moment 28
    Checklist do capítulo 29

2. Termos em Customer Success que você precisa saber 31
    Checklist do capítulo 37

3. Persona: quem é o seu cliente? 39
    Você sabe com quem está falando? 39
    Segmentação antes da ação 40

Público-Alvo 41
Persona 43
ICP 45
Próximos passos 47
Checklist do capítulo 48

4. Jornada do consumidor: a trilha do Customer Success 49

Como criar o seu mapa da jornada do cliente 51
Checklist do capítulo 55

5. SLA: o alinhamento entre marketing, vendas e Customer Success 57

Por que o SLA é tão importante? 58
SLA é um acordo 59
Como definir o SLA 60
O SLA e as áreas 60
Métricas: o que é reflexo do SLA 61
Passagem do bastão rumo à vitória 62
Checklist do capítulo 63

6. Suporte: o marco zero do Customer Success 65

A diferença entre Suporte e Customer Success 66
Suporte e os níveis de atendimento 67
   Canais de atendimento 68
      E-mail 68
      Telefone 69
      FAQ 69
      Mídias Sociais 70
      Chatbot 70
      Chat 71
Quais os números de atendimento do mercado? 72
O atendimento do Suporte é apenas o começo 72
Checklist do capítulo 73

7. Onboarding ou Implementação: os primeiros passos do cliente 75

Implementação e o engajamento pós-venda 75
A entrega do "Primeiro Valor" 76
Ativação 77
Formatos de onboarding 79
    Atendimento de Implementação Tech Touch 79
    Atendimento de Implementação Low Touch 80
    Fim da jornada Low Touch 82
    Atendimento de Implementação Mid Touch 82
    Atendimento de Implementação High Touch 83
Acompanhamento de desempenho 84
Modelos de Cockpit 84
Perfil do Implementador 85
Implementação e rentabilidade 87
Checklist do capítulo 89

8. Ongoing ou Adoção: o cliente rumo ao sucesso 91

O que vem após a implementação 91
Success Milestones: os passos do sucesso 92
Modelos de atendimento em Adoção 94
    Customer Success Low Touch 94
    Customer Success Mid Touch 95
    Customer Success High Touch 96
Acompanhamento de desempenho 97
    Modelos de Cockpit 97
    Modelo para Low Touch 97
    Modelos para Mid e High Touch 98
Renovação: a reta final para mais uma volta com o Customer Success ... 99
    Sintomas de uma renovação de risco 99
    Perfil de uma renovação a caminho 100
    Quando ligar o alerta de renovação 101

Perfil Profissional..101
Considerações finais sobre adoção...102
Checklist do capítulo..103

9. Churn 105
O que é churn?...105
Motivos de cancelamento 106
Formas de monitoramento do churn..107
Ações para reduzir a taxa de churn 110
Cliente pediu churn, e agora?..111
Taxas: o que é um churn aceitável?...113
Uma verdade: todo cliente um dia irá cancelar 114
Checklist do capítulo..115

10. Métricas de Sucesso em Customer Success 117
Minhas ações estão dando resultados?..117
   Ligue resultados aos seus KPIs correspondentes 118
   Cuidado com as métricas de vaidade 118
   Mostre para aonde seu cliente está indo 119
KPIs na área de Customer Success 119
Métricas de Adoção 120
   Taxa de Adoção ou Adoption Rate..120
   Saúde da conta ou Customer Health Score 120
Métricas de MRR..120
   Novo MRR ou New MRR...121
   Expansion MRR...121
   Churn MRR..121
Métricas de churn..121
Métricas de Feedback do Cliente..123
   NPS 123
   CSAT 124
   Índice de Esforço do Cliente (IEC) ou Customer Effort Score (CES) 125

- Métricas de Negócios 126
    - CAC 126
    - LTV 127
    - ROI 127
    - Métricas em estudo: Análise Cohort 128
- Análises e seus ciclos 129
- Checklist do capítulo 130

11. Ferramentas para base de clientes 131
- Perfil de negócio 131
- Atendimento 132
- Ferramenta 132
    - Amity 133
    - ClientSuccess 134
    - Conpass 135
    - Delighted 136
    - Gainsight 137
    - Natero 138
    - Sensedata 139
    - Totango 140
    - WhatFix 141
    - Zendesk 142
- Ao final para sua escolha 143
- Checklist do capítulo 144

12. Canais: um capítulo à parte 145
- Como escalar uma carteira de clientes através de Canais 145
- 5 verdades sobre Customer Success de Canais 146
    - 1 - Canais não são Franquias 146
    - 2 - Você não tem o controle total sobre seus clientes 146
    - 3 - Clientes irão confundir seu trabalho com os de seus parceiros 147
    - 4 - Parceiros desalinhados não entendem a parceria 147
    - 5 - Sua ajuda tem limites 147

Gerindo a sua carteira 148
    Visão Top Down e Ação Cross 148
    Saúde das contas 149
    Indicadores de sucesso 149
    Touch Points 149
Gestão de crise: o que priorizar? 150
    Contas com pedido de cancelamento 150
    Inadimplentes 151
    Renovações 151
    Contas fora do Canal 152
Insights para Canais 152
    Programa de Parceiros 152
    Marketplace 153
    Comunidades 153
    Conteúdo exclusivo para parceiros 153
Relacionamentos e DRs 154
Checklist do capítulo 155

Bibliografia 157

PREFÁCIO

UM SERVIÇO DE ASSINATURA, UM BAR E UM CUSTOMER SUCCESS

Começo aqui com duas experiências como cliente e como elas me fizeram escrever esse livro sobre Customer Success.

A primeira experiência foi ao telefone, com um serviço de internet. Recebi uma fatura de cobrança do serviço de internet com o dobro do valor. Sem entender o porquê resolvi ligar para o serviço. Na primeira tentativa fiquei no aguardo da resposta da central telefônica, que pediu, depois de uns minutos, para deixar um recado, pois todos os atendentes estavam ocupados. Após deixar o recado esperei por dois dias para ter uma resposta. Não tive.

Na segunda ligação, após esperar alguns minutos novamente veio o mesmo pedido para deixar um recado. Ao invés de deixar o recado resolvi ligar novamente, mas dessa vez pedi para entrar em contato com o suporte. Um rapaz atende o telefone e fala que o assunto é para ser tratado com o financeiro. Disse que já tinha tentado uma vez, mas sem sucesso. Ele anotou meu telefone e disse que passaria o recado. Novamente não tive resposta.

Na terceira tentativa, caí novamente na mensagem do menu da central telefônica e depois de aguardar, ninguém me atendeu. Entrei no site da empresa e encontrei um formulário para contato.

Email:

Estou desde segunda-feira tentando contato pelo telefone.
Como é difícil conseguir falar com qualquer pessoa da ouvidoria para minha adaptação de plano.
Já tentei mais de 3 vezes, deixei recado, falei com o financeiro, que também ficou de deixar recado para me ligarem e nada.
Amanhã se não tiver contato vou ao Reclame Aqui.

Enfim me ligaram, segue o diálogo:

Olá Senhor Hiram, aqui é "Fulana" da empresa ****
Olá "Fulana"
O senhor entrou em contato devido uma fatura
Sim, foi por isso mesmo
Essa fatura é do novo plano, já que sua promoção acabou
Com esse valor eu não vou renovar
Ok, senhor, então você pode cancelar

O diálogo ainda segue mais um pouco e o resultado foi: tive que pagar o valor em uma nova fatura para somente depois pegar o desconto. Só não cancelei por pura preguiça de ter que pesquisar um valor menor no mercado. Mas de tudo isso, o que deixou mais chocado foi a frase da atendente:

"Ok, senhor, então você pode cancelar"

Como assim eu posso cancelar? Pensei naquele momento comigo mesmo. Como uma empresa pode deixar de buscar seu cliente que está há um ano na recorrência. Ele pede cancelamento e simplesmente o deixam ir embora? Percebo que em muitos casos o problema não está na conquista de novos clientes, mas sim em manter os que já estão com você. Empresas fecham as portas por acharem que seu problema está nas vendas; quantas delas deixam de ouvir seus atendentes e não percebem que o pós-venda é tão importante quanto? Ainda me pergunto.

A segunda experiência foi em um bar.

Imagine a cena: Casa cheia, bar lotado, gente em pé e você mal consegue ouvir a voz de quem está perto de você. Uma cena típica de um sábado à noite em qualquer cidade do Brasil. Eu não podia consumir álcool por um bom motivo: era o motorista da rodada.

Abri o cardápio e em meio a tantos drinks e outras bebidas na parte de não alcoólicos encontrei uma bebida chamada Kombucha. Procurei a atendente em meio às pessoas e a chamei perguntando da bebida. Ela prontamente pediu para eu me levantar e levou-me a uma geladeira com porta transparente, através da qual apontou duas marcas de Kombucha. E disse:

Olha, essas duas fileiras de garrafas são Kombuchas.

Mas o que é Kombucha?

É uma bebida fermentada feita a partir do chá preto adoçado que é fermentado por leveduras... Olha... *Faz super bem* à saúde, ainda te ajuda no sistema imunológico e... (continuou a conversa)

Ok, me vê essa aqui então (apontei para uma das garrafas).

Ela sorriu, anotou o pedido em minha comanda e muito solícita pediu para que eu voltasse ao meu lugar, onde ela levaria a bebida. Pedi ainda um copo com gelo. Ela me serviu e depois voltou a atender outras mesas. Vendo todos com uma cerveja na mão pensei: ao menos tenho uma kombucha para experimentar.

Achei o sabor horrível...

Fiquei lá com a garrafa do meu lado, olhando pra ela durante uns 20 minutos e me perguntando por que apesar de eu ter achado a bebida ruim não fiquei chateado com a atendente e nem me senti prejudicado ou enganado pelo bar. Foi então que eu percebi: ela alinhou deixando clara as expectativas.

Em nenhum momento a atendente me disse "toma, isso é uma delícia" ou "todo mundo está gostando", ela simplesmente agregou valor na questão da saúde e bem-estar com o organismo e me fez comprar por isso e não por ser uma bebida gostosa.

Em resumo: voltei novamente ao bar e claro, não pedi a bebida novamente.

Mas o que os dois casos têm em comum? Simples, a experiência do cliente.

Enquanto o primeiro quase me fez desistir, mesmo tendo uma boa entrega, o segundo, mesmo com uma entrega ruim, me fez voltar novamente. O atendimento em ambos os casos foi a peça chave para eu quase desistir do plano e para eu voltar ao bar.

E podemos ir mais além.

A NeoAssist, juntamente com a Social Miner, em parceria com o Instituto Ibero-Brasileiro de Relacionamento com o Cliente e outras nove companhias do mercado digital, lançaram o estudo inédito intitulado "O Estado do Atendimento ao Cliente no Brasil". O principal objetivo desse estudo é mostrar qual é a realidade do relacionamento entre marcas e pessoas no Brasil.

A pesquisa entrevistou colaboradores de 172 empresas e 302 consumidores, e os resultados percentuais apresentados trazem números muito interessantes:

» 68% dos consumidores pagariam mais por um serviço ou produto se tivessem um atendimento melhor;
» 71,3% considera que a resolução do problema no primeiro contato é a parte mais satisfatória da experiência no SAC (Serviço de Atendimento ao Consumidor);
» Apesar de 86% das empresas considerarem a satisfação do cliente a principal métrica da sua operação de Atendimento, somente 49% utiliza uma metodologia para mensurar o atendimento;
» 51,6% dos consumidores acredita que os problemas encontrados no atendimento das empresas com as quais se relaciona são frequentes;

» 87% dos clientes esperam que as empresas ofereçam canais automáticos de atendimento sem a intervenção humana.

Do telefone, passando pelas tecnologias de atendimento virtual até uma mesa de bar, o atendimento é base do relacionamento e da sobrevivência das empresas. Ter isso estruturado e pensado como uma estratégia competitiva é o que separa as empresas que ganham mercado das que ainda buscam um espaço em meio a tanta competição.

A partir de agora lanço a proposta de estruturar ou aprimorar sua área de atendimento, conhecer ou aumentar seu conhecimento em Customer Success e aumentar sua lucratividade através do relacionamento e retenção de clientes.

Neste caminho vamos passar por diversos passos:

» Definir o que é Customer Success;
» Desvendar o que é Persona;
» Desenhar a Jornada do Consumidor;
» Definir o SLA;
» Entender mais sobre a área de Suporte;
» Estudar sobre Implementação ou Onboarding;
» Atuar com Adoção ou Ongoing;
» Descobrir o que é churn;
» Medir o resultado de suas ações;
» Conhecer ferramentas profissionais;
» Aprender sobre Canais e Parcerias.

Talvez alguns desses passos você já tenha trilhado, mas não deixe de andar por cada um dos capítulos. Dentro deste trajeto tenho certeza que cada um deles vai trazer algo a mais para seu conhecimento e para sua empresa

Boa leitura!

O QUE É CUSTOMER SUCCESS

1

Imagine a possibilidade da sua empresa aumentar a lucratividade e rentabilidade com o mesmo número de vendas mensais ou com a mesma recorrência de novas vendas. Pense em um processo em que você terá clientes satisfeitos, fortalecimento da marca e isso irá surgir dentro da sua empresa. Uma força que crescerá de dentro para fora e irá transformar sua organização dando mais lucratividade e segurança. Estamos falando de Customer Success.

De acordo com a Gainsigth*, uma das maiores empresas do setor, Customer Success ou simplesmente CS é definido como:

> "(...) metodologia de negócios que garante que os clientes atinjam os resultados desejados enquanto usam seu produto ou serviço. Customer Success é o gerenciamento de clientes focado em relacionamento, que alinha os objetivos do cliente e do fornecedor para obter resultados mutuamente benéficos (...)".

Mas aqui iremos muito mais além do que uma simples definição. Vamos tratar esse tema dentro de um modelo de negócio e como esse conhecimento irá mudar o modo de perceber e tratar clientes e por consequência os negócios.

CUSTOMER SUCCESS NÃO É UM CARGO
É UMA MUDANÇA DE MENTALIDADE

Customer Success em sua tradução literal significa Sucesso do Cliente. Lembre-se de alguma experiência ruim que você teve com alguma empresa. Nesse momento, muito provavelmente, pode até identificar onde foi o ponto em que a empresa errou ou mesmo qual área atuou de maneira errada, contudo, na roda de amigos ou mesmo em alguma indicação profissional, você não vai falar mal de uma pessoa em si. Sua experiência será relatada e quem sairá mal na história será a empresa como um todo.

Tendo como base o mesmo raciocínio lógico, lanço a pergunta: quando um cliente tem uma experiência ruim com sua empresa a culpa é de quem? A resposta é simples: é de todo o time. Um cancelamento não se dá apenas por um mal atendimento do suporte, ou de uma falha no produto ou serviço ou mesmo em uma venda mal realizada. No fim da história, quem pagará pelo ocorrido será a empresa como um todo. Afinal, quem ficará empregado (até mesmo o dono) quando o último cliente abandonar a empresa?

Customer Success antes de ser apenas mais um cargo na empresa é uma mudança de pensamento. É preciso ter foco no desenvolvimento do cliente em todas as áreas. Você tem que ter em mente que sua empresa vai crescer assim que seus clientes também obtiverem sucesso. A equipe como um todo (das vendas ao suporte) precisa entender que cada cliente que der um passo à frente com a empresa, serão também eles que irão seguir adiante e crescer juntos. Não adianta jogar a culpa para frente, tem que vestir a camisa e jogar no coletivo. Mais clientes engajados, mais receita recorrente, mais advogados da marca, crescimento para todos.

VENDAS X RENOVAÇÃO. O QUE FAZ UMA EMPRESA CRESCER?

Quando perguntamos a uma pessoa o que faz uma empresa crescer ou qual o principal objetivo de uma organização, geralmente a resposta é: vender mais. Em muitos casos, empresas focam em equipes de vendas, número de produtos ou serviços vendidos entendendo que esse é o alvo a ser atingido.

Creio que essa cena você já tenha presenciado ou lido em algum case ou conteúdo de algum post. Uma empresa contrata uma agência para fazer a sua comunicação. A propaganda dá resultado pois o marketing fez o dever de casa e juntos realizaram um belo trabalho. Como consequência o time de vendas bate suas metas, novas contas entram e o faturamento aumenta. O que a princípio parece estar tudo perfeito, em um segundo momento desanda.

Clientes começam a cancelar, o faturamento mensal cai mesmo com as boas campanhas, a empresa perde rentabilidade e os custos aumentam. A empresa que teve um faturamento bom no primeiro semestre perde sua força no segundo mesmo com a entrada de novas contas e metas batidas. O primeiro ponto mais comum que escuto junto a clientes é: a crise está chegando ao setor.

Não vamos desmerecer a questão de mercado nem as condições econômicas do país, mas posso garantir que ainda há muitos fatores antes desse cenário global ser aplicado. Vamos dentro desse contexto ver o "copo meio cheio" através da visão de Customer Success.

RENOVAÇÃO DE CONTAS É UM ÓTIMO NEGÓCIO

Uma coisa é óbvia: novos clientes não saem de graça. É preciso ter investimento de tempo, pessoas, capital e muitos outros fatores. Não é à toa que veremos mais adiante uma métrica chamada CAC – Custo de aquisição por cliente. Segundo Philip Kotler: "conquistar um novo cliente custa de cinco a sete vezes mais que manter um atual". Se essa afirmativa é dada até pelos grandes nomes do marketing porque tantas empresas ainda hoje buscam muito mais seu foco em vendas do que manter as contas? Para ilustrar melhor o caso vamos trazer um exemplo de uma empresa fictícia que mostra bem como reter clientes é um ótimo negócio.

A "Empresa X" possui cinco anos de mercado e presta serviço de soluções através de um software na nuvem que agiliza processos de empresas que precisam otimizar contratações e demissões de colaboradores, férias, décimo terceiro, gestão de pessoas e demais funcionalidades. Em outras palavras, nossa empresa trabalha com software para o setor de Recursos Humanos.

Seu produto não perde em nada para a concorrência. O time de marketing faz um bom trabalho de divulgação, o time de vendas bate suas metas todos os meses e o faturamento cresce mês a mês. Um cenário que parece bom, contudo, a rentabilidade e lucratividade ainda não estão de acordo com o ideal e não há condições de aumentar o time de vendas ou investir mais em marketing. Então como aumentar o faturamento da empresa? A resposta vem em uma palavra: retenção.

Vamos agora a um panorama de um ano da "Empresa X". Em 2018 nosso time de vendas adquiriu 20 novos clientes por mês com ticket médio de R$ 500,00 somando um total de R$ 10.000,00 de nova receita mensal. Apesar dos dados de vendas serem muito interessantes para a empresa, a taxa de cancelamento (churn) do ano foi de 10% ao mês. Sendo assim:

Churn 10%	Contas em atividade em 2018 - MRR					
	Jan	Feb	Mar	Apr	May	Jun
	$10,000.00	$19,000.00	$27,100.00	$34,390.00	$40,950.00	$46,850.00
	Jul	Aug	Sep	Oct	Nov	Dec
	$52,170.00	$56,950.00	$61,250.00	$65,130.00	$68,610.00	**$71,750.00**

Desta forma, analisando apenas as contas que entraram em 2018 com taxa de cancelamento mensal de 10% teremos um crescimento na receita de 10 mil reais para aproximadamente 71 mil reais. O cenário é de crescimento, mas aqui apresentamos que ainda para a empresa isso não é o ideal.

Agora vamos partir para outro cenário. Supomos que a empresa investiu no atendimento e começou a entender os motivos de cancelamento. Os clientes entraram o ano de 2018 com níveis maiores de satisfação e estão ficando um tempo a mais com suas assinaturas. Os índices de cancelamento caíram pela metade, ou seja, a taxa de churn está em 5%. Sendo assim temos o seguinte quadro.

	Contas em atividade em 2018 – MRR					
Churn 5%	Jan	Feb	Mar	Apr	May	Jun
	$10,000.00	$19,500.00	$28,525.00	$37,098.75	$45,243.81	$52,981.62
	Jul	Aug	Sep	Oct	Nov	Dec
	$60,332.54	$67,315.91	$73,950.12	$80,252.61	$86,239.98	**$91,927.98**

O cenário já teve uma sensível mudança. Analisando novamente apenas as contas que entraram em 2018 com taxa de cancelamento mensal de 5% teremos um crescimento na receita de 10 mil reais para aproximadamente 91 mil reais. Um crescimento significativo de aproximadamente 26% de um cenário para o outro ao final do ano.

Se esta visão já é apontada como uma ótima via, vamos agora aos níveis de benchmark (dados de melhores desempenhos do mercado) de empresa que trabalham com a mentalidade de Customer Success e buscam as taxas de cancelamento por volta de 2,5% ao mês. Aqui o foco no cliente é fundamental para o sucesso da empresa.

Churn 2,5%	Contas em atividade em 2018 – MRR					
	Jan	Feb	Mar	Apr	May	Jun
	$10,000.00	$19,750.00	$29,256.25	$38,524.84	$47,561.72	$56,372.68
	Jul	Aug	Sep	Oct	Nov	Dec
	$64,963.36	$73,339.28	$81,505.80	$89,468.15	$97,231.45	**$104,800.66**

Observe que aqui a diferença é significativa. Enquanto no primeiro panorama com taxa de cancelamento de 10% ao mês temos no final do ano um valor de 71 mil reais aproximadamente, ao final de 2018 sob o cenário de 2,5% teremos um valor de mais de 104 mil reais. Um forte crescimento de aproximadamente 46% de um cenário para o outro ao final do ano.

Agora vamos comparar a curva de crescimento dos 3 cenários para termos uma visão mais ampla e comparativa de cada uma das taxas.

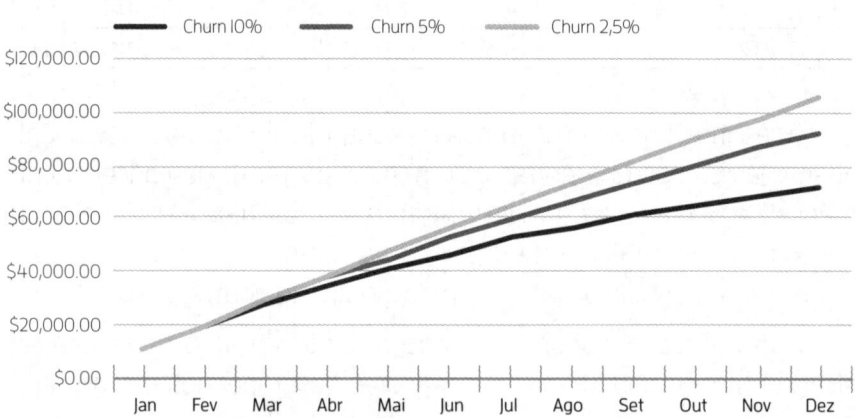

A curva em um curto prazo, a princípio ainda não parece ser tão significativa, pois estamos falando de apenas 12 meses. Mas vamos pensar a médio prazo e projetar a mesma situação durante 5 anos consecutivos. Sendo assim temos os seguintes números projetados:

	Projeção em 5 anos				
	Ano 1	Ano 2	Ano 3	Ano 4	Ano 5
Churn 10%	$71,757	$92,023	$97,747	$99,364	$99,427
Churn 5%	$91,928	$141,602	$168,444	$182,948	$183,801
Churn 2,5%	$104,801	$182,143	$239,222	$281,346	$284,313

Em 5 anos o gráfico já se apresenta com suas linhas bem mais distantes assim como a receita durante o mesmo período.

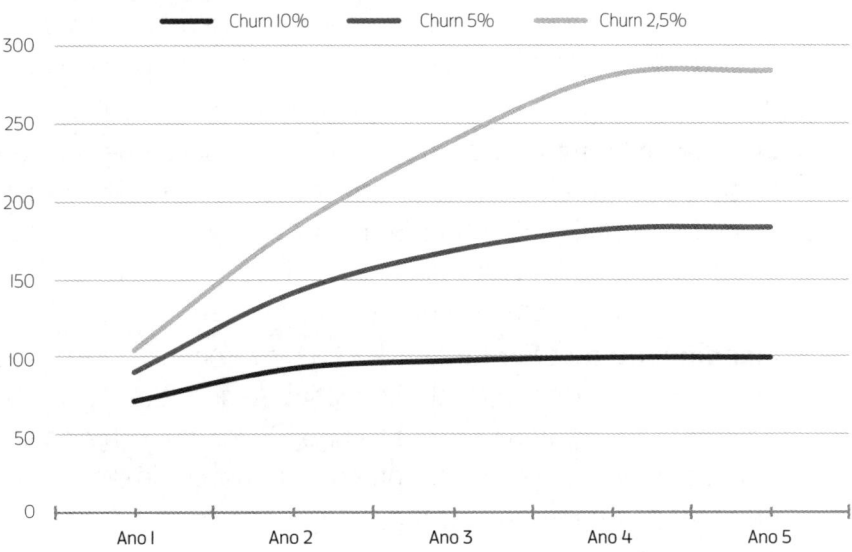

Níveis de cancelamento em projeção de 5 anos

Enquanto que no primeiro ano temos uma diferença de 46% de faturamento entre as taxas de 10% e 2,5%, ao final de cinco anos a diferença torna-se ainda maior. Nesse caso, ao final do período o resultado é de aproximadamente 286% maior entre as taxas de 10% e 2,5%. Em outras palavras, enquanto em 5 anos o faturamento com churn de 10% chegaria a R$ 99.427,00, se fosse reduzido a 2,5% chegaríamos a um faturamento de R$ 284.313,00.

Obviamente que todos nossos cálculos aqui foram feitos de maneira didática muito mais para o desenvolvimento de um raciocínio lógico do que para uma apresentação detalhada de uma empresa. Mas o abismo entre todos os cenários apresentados é real, o que mostra que uma empresa pode crescer de dentro para fora fortalecendo seu atendimento e aprimorando ainda mais seu relacionamento junto a seus clientes.

GERENTE DE CONTAS, ATENDIMENTO AO CLIENTE E CUSTOMER SUCCESS. QUEM É O PROTAGONISTA DESTA HISTÓRIA?

Muitos profissionais ainda confundem as nomenclaturas e suas funções. Os termos aqui seguem em uma linha didática e partem quase de uma evolução de cargos e atividades sem levarmos em consideração qualquer questão de importância ou mesmo hierarquia.

» **Gerente de Contas:** faz o gerenciamento de valores. Seu atendimento é praticamente reativo. Entram em contato geralmente por alguma insatisfação do cliente. Sua ação atende no sistema 1:1 trabalhando cada caso como individual e emergencial. Não tem aqui qualquer tipo de mapeamento ou estudo de base.

» **Atendimento ao Cliente:** tem um foco muito mais direcionado a resposta de tickets ou resolução reativa de questões do cliente, mas sem ter um ponto mais estratégico. Depois do problema solucionado não há um acompanhamento do caso ou do cliente para sua projeção e evolução.

» **Customer Success:** faz o atendimento proativo. Atende demandas estratégicas com foco na evolução constante do cliente com o produto ou serviço. O atendimento pode ser tanto 1:1 quanto 1:many, cada caso vai de acordo com a demanda e tamanho do cliente. Pode ser considerado um segundo passo no amadurecimento do Atendimento ao Cliente.

PAPÉIS BÁSICOS DO CUSTOMER SUCCESS MANAGER

O Customer Success Manager ou simplesmente CSM atua como ator fundamental do pós-venda em três pontos de ação.

- » **Redução de cancelamentos:** um dos papéis fundamentais do CSM é reduzir o churn ou cancelamentos. Atuar na retenção de clientes faz com que a rentabilidade da empresa aumente bem como a fidelidade dos clientes e o crescimento da geração de receita.
- » **Aumento no engajamento dos clientes:** o processo vem desde a chegada da conta no onboarding com implementação e primeiros passos, passando pela adoção ou ongoing onde temos atendimento proativo e contribuição na evolução do cliente passando por apoios através do suporte do cliente em cada necessidade ferramental. Cada um desses passos (onboarding e ongoing) teremos um capítulo exclusivo para aprender a função, estrutura e perfil profissional.
- » **Aumento do Ticket Médio:** com um relacionamento mais estreito é possível aumentar a receita através do crescimento do ticket médio. Tais ações se dão por meio do upsell ou upgrade aumentando o valor do produto ou serviço ou pelo crossell, que é a venda de produtos ou serviços relacionados.

QUEM FORMA UMA EQUIPE DE CUSTOMER SUCCESS

Temos alguns atores que podem ser especializados dentro de um time de Customer Success. É claro que muitas vezes um mesmo cargo pode ocupar demandas diferentes. O que temos aqui é uma separação didática para a montagem de uma equipe completa com suas respectivas demandas.

- » **Suporte:** equipe que faz o atendimento técnico, tira as dúvidas da ferramenta e responde a bugs e outras demandas de FAQ (Perguntas Frequentes) por exemplo.

» **Onboarding ou Implementação:** faz o primeiro atendimento após a venda. O papel desse profissional é guiar no início do uso do produto ou serviço. Ele visa engajar o cliente para que mantenha a adoção pelo longo do tempo.

» **Ongoing ou Adoção:** esse profissional atua na maioria das vezes de forma proativa buscando soluções estratégias para o cliente estar cada vez mais engajado com o produto ou serviço.

» **Saving ou Resgate:** profissional responsável por evitar cancelamentos de contas. Quando um cliente não está mais satisfeito e pede para não dar mais continuidade do produto ou serviço o Saving entra em ação para manter a conta na carteira da empresa

» **Revenual ou Renovação:** esta função visa manter o cliente e trabalhar a renovação da conta. Seu papel é manter o cliente por mais tempo possível com estratégias para renovação de contratos.

EM BUSCA DO WOW MOMENT

Um dos pontos altos de um relacionamento entre empresa se seus clientes e a busca incessante de um Customer Success está no Wow Moment ou Momento Wow na tradução livre, ou seja, em uma experiência que transforma o cliente em um advogado da sua marca.

Uma pesquisa da empresa TTEC Nasdaq sobre momentos Wow revelou que a maioria dos entrevistados relatou que eles raramente têm experiências que excedem suas expectativas. E quando acontecem, na maioria das vezes são nos canais tradicionais de atendimento como e-mail, telefone e mídias sociais.

Flexibilidade, respeito e proatividade. Esses são alguns pontos que podem levar a esse momento tão especial e transformador. Nos próximos capítulos não iremos a fundo em como fazer isso, mas sim em como estruturar empresas para estarem prontas para criar clientes engajados e chegarmos a wow moments.

CHECKLIST DO CAPÍTULO

Veja o que você aprendeu no capítulo I sobre Customer Success

- ❑ O que é Customer Success
- ❑ Como uma empresa pode crescer além das vendas
- ❑ Como renovar contas é um excelente negócio
- ❑ A diferença entre Gerente de Contas, Atendimento ao Cliente e Customer Success
- ❑ Papéis básicos do Customer Success Manager
- ❑ Quem forma uma equipe de Customer Success

TERMOS EM CUSTOMER SUCCESS QUE VOCÊ PRECISA SABER 2

As linguagens, siglas, terminologias e gírias de Customer Success estão muito ligadas ao mundo da tecnologia. Vamos focar aqui principalmente nos termos em inglês para facilitar futuras pesquisas na área, tivemos o cuidado de traduzir para que as buscas em nosso idioma sejam facilitadas.

E não se preocupe, caso não entenda os termos logo no primeiro contato, muitos deles serão aprofundados nos próximos capítulos. A ideia aqui é ir conhecendo e se familiarizando com palavras ainda desconhecidas e compreender o que elas significam durante nossa jornada neste livro.

Se até o fim da leitura deste capítulo não houver muitas novidades para você, parabéns! Seu vocabulário está apurado e pronto para dar continuidade. Caso muitas palavras pareçam ainda fora do contexto, não se preocupe, até o fim do livro a proposta é rever este capítulo e ficar mais próximo do que está exposto aqui.

Vamos aos termos:

Adoption
Também conhecido como adoção. É o termo que se refere a clientes que fazem o uso do seu produto ou serviço.

ARPA (Average Revenue per Account)
É a receita mensal média por cliente, essa demonstra o rendimento ativo por mês de cada cliente.

ARR (Annual Recurring Revenue)
Conhecida também como Receita Recorrente Anual é a soma de todas as receitas que são regulares. Ex: mensalidades dos clientes somadas.

B2B (Business to business)
É a relação de vendas de produtos ou serviços entre duas empresas.

B2C (Business to Customer)
É a relação de vendas de produtos ou serviços entre uma empresas e seus consumidores finais.

CAC (Customer Acquisition Cost)
Na tradução literal é o Custo por Aquisição de Cliente. Métrica que aponta quanto sua empresa investe para ter um novo cliente. Teremos a fórmula em outro capítulo.

Churn
É uma das métricas mais importantes na área de Customer Success. Com ela vamos avaliar a quantidade de clientes que cancelaram um serviço. Teremos um capítulo especial focado nesse assunto.

Cohort
É a análise de um grupo de clientes com comportamentos semelhantes. O parâmetro principal dessa divisão é terem sido expostos a um mesmo evento no mesmo período de tempo.

Cross-sell

Quando um assinante já possui um plano e adquire outro. Ex: cliente tem plataforma de CRM e adquire outro produto da mesma empresa como um disparador de e-mails.

CSM (Customer Success Manager)

É o profissional responsável pela manutenção do cliente na carteira bem como desenvolvê-lo com o produto adquirido junto a empresa. Ele também é chamado de Gerente de Sucesso ou Profissional de Sucesso do Cliente. Além disso, sua função tem por objetivo garantir um bom relacionamento e acompanhar a satisfação do cliente durante sua jornada.

Customer Journey

É a jornada do cliente. Um caminho de interações que os clientes passam quando interagem com a sua empresa e a sua marca. Ela tem por objetivo realizar todo o mapeamento de experiência, podendo contar com metas e ações para passar ao próximo passo da jornada até completá-la, por exemplo.

Customer Health Score

É o índice de saúde dos clientes. Indica o quanto um cliente está satisfeito. A escala é geralmente de 0 a 100 e tem como parâmetros: uso do produto, tempo utilizando a ferramenta, níveis de uso, satisfação do cliente, entre outros.

Desired Outcome

É o resultado desejado do cliente. Ele se faz pela soma de duas variáveis do atendimento ao cliente: Resultado Requerido (o que o cliente necessita atingir) e Experiência Adequada (forma como ele irá atingir).

Downsell

Ação de um cliente quando o mesmo diminui o valor de sua mensalidade seja por redução de serviços ou valor negociado. Ex: troca de plano de valor maior pelo de um menor.

ICP (Ideal Customer Profile)

É o chamado Perfil Ideal do Cliente. Ele tem grande engajamento com a marca, sabe usar bem o produto e tem perfil de advocacia. Geralmente o ICP acompanha os estudos de Persona e Público-Alvo.

Implementador

Profissional responsável por acompanhar os primeiros passos e entregar o primeiro valor ao cliente. Também pode ser conhecido como ISM (Implementation Success Manager) ou Customer Success de Implementação ou Onboarding.

LTV (Lifetime Value)

É a métrica usada para calcular o faturamento que um cliente traz para seu negócio depois de ser adquirido. Ela é uma métrica ligada ao CAC e seus cálculos e fórmulas estão em capítulos mais adiante.

MRR (Monthly Recurring Revenue)

Chamada também de Receita Recorrente Mensal. Ela avalia o crescimento da receita recorrente mensal e projeta o quanto uma empresa receberá em um determinado mês.

MRR Cohort

MRR cohort é uma "fatia" de clientes que possuem características e métricas semelhantes, durante uma safra ou período estabelecido. Ex: clientes que cancelaram em agosto e entraram em janeiro. Teremos um gráfico ilustrado nos próximos capítulos.

NPS

Metodologia de pesquisa que sinaliza o índice de satisfação do cliente por nota de 0 a 10 classificados como detrator (0 a 6), passivo (7 e 8) e promotor (9 e 10).

Net Revenue Churn

É a soma total de receita perdida no período somando o downsell e reduzindo o upsell, neste cálculo não entram as novas vendas do período.

OKR (Objectives and Key Results)

Trata-se de Objetivos e Resultados Chaves. É um método para se estabelecer metas mensuráveis dentro da estratégia da empresa, geralmente de curto prazo.

Onboarding ou Implementação

Fase inicial do cliente em sua jornada dentro da empresa e no uso do software ou serviço. Nesta fase serão traçadas estratégias iniciais de engajamento e desenvolvimento da conta focando a próxima fase de adoção ou Ongoing.

Ongoing ou Adoção

Fase posterior ao onboarding. O cliente aqui já está apto ao uso da ferramenta ou entendimento do serviço e dará continuidade no seu desenvolvimento estratégico até o fim de sua jornada com a empresa.

QBR (Quarterly Business Review)

Conhecida também como Revisão Trimestral de Negócios ou Revisão Trimestral de Sucesso (RTS) é uma reunião que busca revisar as ações dos últimos 3 meses e observar quais alterações ou manutenções estratégicas precisam ser realizadas para aumentar o desempenho das atividades já realizadas. Em muitos casos essas revisões podem ser mensais de acordo com a demanda.

Renewal

Em outras palavras é a renovação do contrato. Após o fim do período de serviço o cliente busca manter a conta por um novo período de tempo.

SaaS (Software as a Service)

Em uma tradução livre seria o "Software como forma de serviço". Modelo de negócio onde a assinatura ou pagamento recorrente ocorre de forma geralmente mensal podendo também ser trimestral, semestral ou anual. Forma muito comum de pagamento para empresas de tecnologia e afins.

SLA (Service Level Agreement)

Em resumo são as principais entregas definidas e formalizadas entre áreas de uma empresa. Em Customer Success o SLA geralmente está ligado ao time de vendas e entradas de novas contas.

Suporte técnico

Área que responde às dúvidas técnicas dos clientes. As dúvidas estratégicas ficam a cargo do Customer Success Manager. O suporte técnico costuma atender por canais de atendimento o chat, telefone e e-mail.

Taxa de renovação/retenção de clientes

É o número de clientes que renovaram o serviço ou assinatura após fim de período de contrato.

Upsell

É a inclusão de novos valores no plano, ou seja, um aumento no valor da mensalidade paga recorrentemente, seja pela troca ou sua expansão.

Wow Moment

Termo usado para uma ação que surpreendeu positivamente um cliente superando suas expectativas.

CHECKLIST DO CAPÍTULO

Veja o que você aprendeu no capítulo 2 sobre Termos em Customer Success:

- ❏ Termos, siglas e gírias de Customer Success
- ❏ Palavras focadas em negócios de SaaS
- ❏ Terminologias em serviços de recorrências

PERSONA: QUEM É O SEU CLIENTE?

3

VOCÊ SABE COM QUEM ESTÁ FALANDO?

A pergunta que a princípio parece ser grosseira e, porque não dizer, arrogante, na verdade traz aqui alguns questionamentos que serão um ponto muito importante não só na prospecção do trabalho de marketing e vendas, mas também no atendimento do seu cliente durante todo o período que se mantiver com você.

Por isso, sua empresa não pode sofrer de "miopia de marketing". Sua visão sobre seu negócio e seus consumidores pode estar muito embaçada e ver mais longe está sendo uma tarefa muito difícil. Esqueça seus gostos pessoais, seus lugares comuns e de uma vez por todas a frase "ah! Mas todo mundo sabe o que é..." O que é bom para você não necessariamente é bom para o seu cliente.

Neste ponto você pode responder a si mesmo "tudo bem, isso está resolvido, eu tenho esses dados em mãos". Mas aqui entra outro questionamento: há quanto tempo você fez essa pesquisa? O mercado muda rapidamente e as pessoas também. É preciso estar atento para entender se sua conversa não está envelhecendo e sua empresa ainda se identifica com quem você quer.

Além de todos esses pontos ainda valem alguns questionamentos adicionais. Que aspectos seu produto ou serviço resolve? Quem é mais provável que tenha esse problema? São pessoas ou empresas? E o mais importante: você realmente tem certeza disso? De onde vêm suas respostas? Saber com quem você está falando não é garantia total de sucesso, mas com certeza se você não faz a mínima ideia estará a caminho do fracasso.

Assim, para você estruturar sua estratégia de comunicação junto ao seu cliente e entender seu comportamento e suas ações vamos dividir em 3 visões diferentes: Target ou Público-Alvo, Persona ou Buyer Persona e Perfil Ideal ou ICP (Ideal Customer Profile).

SEGMENTAÇÃO ANTES DA AÇÃO

Antes de entrarmos no foco de público-alvo, vamos dar um passo atrás e entender como focar melhor no mercado que você pretende atuar. Segmentar é dividir, separar por partes e ter mais assertividade na escolha de ações. Assim, saímos de uma visão macro até o ponto central que é o seu consumidor de uma forma mais definida.

Mas segmentar em um primeiro momento parece uma tarefa complicada. Dentre tantos focos de pesquisa e com um mercado nem sempre favorável a um maior investimento, como podemos trabalhar com poucos recursos? A resposta pode estar mais ao seu alcance do que você imagina.

Os primeiros dados podem ser obtidos "dentro de casa". Faça entrevistas individuais com os principais compradores, consumidores ou clientes finais de seus produtos e serviços. Muitas vezes, pesquisas qualitativas podem ser realizadas gratuitamente ou com pouco investimento.

Há outras informações relevantes que podem ser observadas muito de perto. Preste atenção em como seus concorrentes conversam, interagem e atendem seus clientes. Observe suas ações de marketing, tons de diálogo nas mídias sociais e até faça um cliente oculto. Tudo é referência para mapear e ganhar dados adicionais.

Além disso o mercado está cheio de informações que podem ser adquiridas de forma gratuita ou a um custo que pode ser baixo. Em muitos casos, pequenas empresas têm acesso aos mesmos bancos de dados que as grandes, como por exemplo: publicações especializadas em revistas de nicho do setor, tanto impressas quanto online, pesquisas governamentais como dados do IBGE ou TIC Domicílios e dados de pesquisas de empresas como SEBRAE, FIESC ou SENAI, por exemplo.

Tendo esses dados estratégicos mais amplos em mãos podemos ter uma visão macro e desenharmos melhor nosso cenário com mais precisão e seguir adiante para inserirmos o Público-Alvo e demais classificações no contexto.

PÚBLICO-ALVO

Também chamado de Target, é um recorte demográfico, socioeconômico e comportamental de um grupo que a empresa determina como consumidor em potencial do seu produto ou serviço. Podemos ter como referências alguns pontos importantes que nos ajudarão a construir o nosso perfil. Seguem alguns exemplos.

- » **Consumidor ou empresa:** você está focado no CPF no no CNPJ? O passo inicial é determinar se o seu objetivo é B2B (business-to-business) ou B2C (business-to-consumer).
- » **Demográfico:** geralmente a descrição mais clássica de público-alvo se encontra nessa descrição. Aqui definimos em questões de idade, gênero, renda, escolaridade, estado civil ou outros aspectos de vida.
- » **Geográfico:** não necessariamente precisa ser onde o seu público mora, mas sim, ao que vai ao encontro do seu consumo. Você pode levar em consideração moradia, local de trabalho, estudo, lazer e outras atividades.

- » **Perfis Psicológicos:** em alguns casos valores internos ou comportamentais são mais eficazes para definição de público do que fatores como local ou mesmo renda. Nestes casos priorizamos as características ditas psicográficas.
- » **Geração:** muitas empresas hoje definem seus mercados com base na geração em que nasceram, como baby boomers, geração Y ou Millennials.
- » **Fases da vida:** em alguns casos segmentar por momentos da vida pode ser uma boa opção. Um jovem saindo da faculdade, uma mãe de primeira viagem, um casal com filhos adolescentes, cada momento pode ser uma segmentação e oportunidade.

Tendo esses dados pesquisados em mão podemos seguir adiante e montar o nosso público como nos dois exemplos a seguir:

Joana tem 32 anos, é paulistana, formada em direito, pós-graduada e com renda de 10 mil reais mensais. É recém-casada e ainda não possui filhos. É praticante de Yoga e busca conciliar sua vida profissional com a pessoal de forma equilibrada.

- » Consumidor ou empresa: B2C
- » Demográfico: casada, pós-graduada, renda de 10k
- » Geográfico: São Paulo / SP
- » Perfis Psicológicos: equilíbrio pessoal x profissional
- » Geração: Geração Y
- » Fases da vida: recém-casada

Fábio é mineiro de Belo Horizonte, tem 19 anos é estudante universitário de comunicação e vive com o apoio financeiro dos pais para se manter. É solteiro e mora em uma república onde divide um apartamento com mais 3 pessoas.

- » Consumidor ou empresa: B2C
- » Demográfico: solteiro, estudante, sem renda própria

- » Geográfico: Belo Horizonte / MG
- » Perfis Psicológicos: não definido
- » Geração: Millennial
- » Fases da vida: universidade

Apesar de terem vidas tão diferentes ainda poderíamos ter Joana e Fábio dentro de padrões de consumo muito parecidos. Imagine se ambos fossem fãs de um mesmo seriado ou praticassem o mesmo esporte ou gostariam de viajar para o mesmo lugar? Dessa forma o mesmo produto ou serviço caberia da mesma maneira para os dois perfis.

Sendo assim, seguimos para um próximo passo. Agora que temos uma descrição de Público-Alvo vamos nos aprofundar um pouco mais para fazermos a construção de nossa Persona.

PERSONA

É a representação fictícia de clientes reais. Ela simboliza um grupo de consumidores com qualidades e comportamentos parecidos, ajudando a entender quem são os compradores e o que precisam.

Mais do que apenas um perfil de compra, as informações dessa pessoa demonstram suas atitudes, preocupações e critérios específicos que levam os clientes em potencial a escolherem você ou seu concorrente ou até mesmo desistir de uma compra.

Temos a princípio a ideia de que traçar uma persona é um foco apenas para apoiar o marketing em suas ações de mídias pagas, discursos na geração de conteúdo e priorizar demais ações. Porém vale destacar o uso para os times de atendimento ao cliente. As equipes de suporte e Customer Success podem ter em mãos uma excelente arma para atender melhor seus clientes. Entendendo seus problemas e frustrações os times de atendimento tem maior facilidade em resolver com seu produto, além de gerar muito mais empatia estreitando laços e parcerias no relacionamento.

Entendendo melhor o que é e sua importância, chega o momento de criarmos um roteiro para a criação da persona. Ela terá um nome, um comportamento e até uma história. Todos os dados aqui coletados são importantes para suas ações daqui até o final deste livro.

A seguir temos um template que pode seguir como base para os dados de sua persona:

- » **Nome da pessoa:** uma persona terá sua descrição e sua história, nada mais justo que ela também tenha um nome.
- » **Trabalho:** descrição de onde trabalha, dados da empresa como tamanho, setor e demais detalhes sobre seu cargo e importância.
- » **Demografia:** qual o gênero da sua persona? Qual seu salário ou renda familiar? Ela vive em uma área rural, pequena cidade ou em um grande centro urbano? São perguntas que podem ajudar e muito em sua descrição. Dados do público-alvo podem somar e muito aqui.
- » **Nível de educação:** qual a escolaridade da sua persona?
- » **Objetivos:** o que ela entende por objetivo principal e secundário? Como você ajuda sua pessoa a atingir seus objetivos e estruturar suas metas?
- » **Desafios:** o que ela entender por desafio principal e secundário? Como você pode ajudar a resolver esses problemas?
- » **Principais valores pessoais:** aqui você pode colocar em destaques seus anseios, preocupações e sonhos.
- » **Objeções:** pontos em comuns durante o processo de vendas que a levam a não querer realizar a compra.

Esses são alguns exemplos de tópicos que podemos inserir na construção de uma persona básica. Tendo os dados em mãos vamos elaborar duas personas.

Persona: quem é o seu cliente? | CUSTOMER SUCCESS

Roger tem 26 anos, solteiro e é programador em uma empresa de tecnologia. Vive na cidade do Rio de Janeiro e tem uma vida muito corrida. Gostaria de estudar coisas fora da sua rotina de trabalho mas não encontra tempo para isso. Ele sonha em fazer um mochilão pela Europa, contudo sempre diz que não tem dinheiro para viajar.

Márcia tem 45 anos é casada e mãe de dois filhos. Com a vida corrida ela é CEO de uma grande empresa e suas viagens internacionais a fazem sentir saudades da família. Ela vê dificuldade em conciliar sua falta de tempo e atividades envolvendo saúde e bem-estar. Seu maior sonho atualmente é crescer sua rede e seu faturamento para aumentar sua estabilidade financeira.

Roger e Márcia têm perfis bem diferentes, contudo, cada um pode ser a persona ideal para modelos diferentes de negócio. Enquanto Roger pode observar sua solução em uma empresa de intercâmbio por exemplo, Márcia pode ter suas questões resolvidas com apoio de uma consultoria financeira.

Independente de qual perfil a empresa procura, você observará que sua pesquisa sobre persona obteve sucesso quando ela se aproxima de uma ideia do que seus compradores pensam sobre como fazer negócios com você. Quando diversas pessoas tomaram a mesma decisão escolhendo seu produto ou serviço para resolver seus problemas. Assim, você terá informações suficientes para ter as estratégias certas de relacionamento e guiá-lo em sua jornada de compra e pós-venda.

Traçado todos os passos, vamos agora entender que podemos ir além com a construção do cliente ideal ou Ideal Customer Profile (ICP)

ICP

Imagine um perfil de cliente que engaja com a marca, entende o uso do produto/serviço, consome com frequência e defende sua empresa com unhas e dentes. Se você está atrás do cliente dos seus sonhos esse será um perfil semelhante ao ICP ou Ideal Customer Profile.

Para ter um parâmetro e criar esse perfil, além de se basear em dados já adquiridos pela pesquisa e público-alvo e persona é possível se fazer algumas perguntas estratégicas:

- » **Clientes acima da média:** quais clientes teriam uma experiência acima da média com seus produtos ou serviço? Faça uma lista e depois uma descrição breve de cada cliente. Se possível realize uma entrevista com cada um deles.
- » **Empresas ideais:** quais empresas seriam perfeitas para se tornarem seus clientes? Crie também uma lista e pontue suas características.
- » **Fit:** observando as empresas e os clientes listados, quais os pontos de compra que eles teriam em comum? Tamanho, área de atuação, faturamento, localização, número de empregados e maturidade tecnológica são alguns pontos a serem observados.

Exemplo de um aplicativo para logística.

O cliente ideal para nossa empresa é B2B estabelecido no sul e sudeste do Brasil, focado em logística, como transportadoras e grandes lojas de comércio, com faturamento mensal acima de 500k e mais de 50 funcionários. Ele se dedica a entregas B2C e precisa de uma ferramenta para dar suporte ao seu trabalho.

Para a empresa de App de logística o ideal é listar seus clientes com essas características levantar os dados e buscar suas melhores soluções e potencializar seu atendimento. Com a pesquisa do ICP.

Além disso, trabalhando o nosso foco em Customer Success levanto uma reflexão. Como posso fazer para meus clientes mais problemáticos se tornarem futuramente ICPs? Existe um plano de ação para o desenvolvimento? Quanto tempo vou levar e quais passos devo tomar para esse objetivo? Cabe aqui o questionamento e reflexão.

PRÓXIMOS PASSOS

Depois de definir as personas e ter mente o seu ICP, sua empresa está pronta para se comunicar e se relacionar da maneira mais apropriada com seus clientes e estreitar seus laços e ficar ainda mais perto do seu consumidor. E lembre-se, essas informações não devem ficar apenas nas mãos de marketing e Customer Success, elas precisam estar presentes em toda a empresa para alinhar a estratégia em todos os setores. Afinal não adianta você tratar seu cliente de uma forma se todo o resto da empresa tratar de outra.

Agora o próximo passo é criar uma estratégia de relacionamento baseada na jornada de compra dessas personas. E é exatamente o que veremos no próximo capítulo.

CHECKLIST DO CAPÍTULO

Veja o que você aprendeu no capítulo 3 sobre Personas
- ❏ O que é bom para você não necessariamente é bom para o seu cliente
- ❏ Segmentação de base para definir personas diferentes
- ❏ O que é Público-Alvo
- ❏ O que é Persona
- ❏ Template para Persona
- ❏ O que é ICP

JORNADA DO CONSUMIDOR: A TRILHA DO CUSTOMER SUCCESS

4

Jornada do cliente ou "Customer Journey" é a experiência do seu cliente desde o primeiro contato até toda a história de relacionamento com a sua empresa, ou seja, o seu ciclo de vida. Em poucas palavras essa é, de fato, uma definição muito resumida, porém com muitos pontos a serem observados.

Em um primeiro momento é preciso voltar o foco para sua empresa e entender quantas e quais tipos de jornada você está oferecendo ou precisa oferecer para acompanhar seus clientes. Você pode começar se questionando:

» Sua empresa tem apenas um produto a ser mapeado?
» Se tem mais de um produto, eles possuem jornadas iguais ou diferentes?
» Estou atendendo para o mesmo tipo de persona?

» Todas as demandas estão de fato na mesma jornada?
» Tenho clientes com atendimentos diferenciados, preciso de jornadas diferentes?
» Tenho condições em um primeiro momento de realizar todas as jornadas?
» Qual jornada preciso priorizar?

Parece um pouco óbvio demais, mas muitas empresas acabam aprendendo de forma dolorosa que todos os clientes não são iguais. Podemos ter tratamentos padrões, playbooks direcionados com discursos alinhados, mas nem todos os clientes precisam (ou merecem) um tratamento especial. Em algum momento será importante responder às perguntas anteriores e começar uma segmentação da sua base de clientes e focar em sua jornada.

Outro ponto muito importante é o motivo da compra. A pergunta que em um primeiro momento aparenta ser muito óbvia nos traz muitas respostas importantes, contudo o ponto fundamental é ir além, por isso indico uma simples técnica, o uso dos "5 porquês". Vamos usar aqui um exemplo hipotético.

Fernando é proprietário de uma Pet Shop e contratou um CRM para sua loja. Em uma conversa para entender suas expectativas faremos as seguintes perguntas:

— Olá Fernando, tudo bem? Por que você comprou nosso CRM?
— *Porque eu quero vender mais.*
— Mas por que você acha que vai vender mais?
— *Porque vou ter mais organização em minha loja.*
— Mas por que você terá mais organização em sua loja?
— *Porque o CRM vai ajudar a organizar tudo.*
— Mas por que você acha que vai ajudar a organizar tudo?
— *Porque minha equipe é desorganizada e não consigo acompanhar todo o time.*

Observe aqui que não fizemos os 5 porquês, mas apenas 4 para ilustrar a técnica. Se ficássemos apenas na primeira resposta teríamos o feedback muito incompleto. É claro que ele quer vender mais como na primeira resposta, porém a sua maior dor não é as vendas, mas a desorganização de sua equipe e a falta de acompanhamento da gestão. Logo, sua jornada com essas informações pode tomar um novo rumo.

COMO CRIAR O SEU MAPA DA JORNADA DO CLIENTE

Uma coisa é fato, o ciclo de vida do seu cliente já existe, por isso o norte da sua jornada e os demais passos do caminho você poderá encontrar dentro da sua empresa. Dan Steinman General Manager da Gainsight EMEA, divide o ciclo em dois grandes aspectos.

Eventos agendados: essas são as interações programadas regularmente com seus clientes, que podem ser mapeadas em um calendário. Para um determinado perfil, eles podem incluir:

» Reuniões semanais de alinhamento;
» Atualizações mensais;
» Quarterly Business Reviews (QBRs) ou Reuniões Trimestrais;
» Visitas anuais no local.

Eventos não agendados: esses são eventos que você sabe que provavelmente acontecerão, mas você não sabe quando. Você também pode pensar neles como eventos orientados por comportamento. Alguns exemplos são:

» Resposta de pesquisa com baixa pontuação;
» Resposta de pesquisa com alta pontuação;
» Muitos tickets abertos suporte;
» Queda de 20% no uso da ferramenta;
» Fatura vencida.

Todos esses aspectos se enquadram na jornada que podemos dividir da seguinte forma:

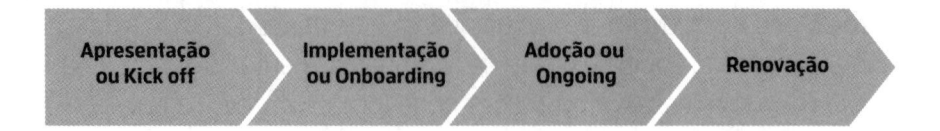

> Apresentação ou Kick off → Implementação ou Onboarding → Adoção ou Ongoing → Renovação

Apresentação ou Kick off: primeiro contato com o cliente.

Implementação ou Onboarding: alinhamento de expectativas e primeiros passos da ferramenta e processos.

Adoção ou Ongoing: relacionamento mais recorrente com o cliente. Apoio estratégico e ferramental, possibilidades de expansão de MMR (upsell e upgrades).

Renovação: novo contrato ou renovação do mesmo para mais um período junto a sua empresa.

Esse caminho (do Kick off à Renovação) será explicado com mais profundidade nos capítulos posteriores. Neste aqui vamos focar em alguns pontos importantes para serem levados adiante. Observe aqui nesse primeiro momento que cada etapa terá um "entregável", um objetivo a ser cumprido pela sua empresa para que o cliente se sinta caminhando em cada etapa e observando sua progressão e desenvolvimento. Por exemplo:

Fase da jornada "X":
» **Touchs:** Quais são os pontos que precisam ser ativos para seguir adiante.
» **Impacto:** O que vai impactar no modelo de negócio do cliente. Ele entende de fato que isso vai impactar? Ele enxerga valor?
» **Atritos:** O que está travando o desenvolvimento e que valores a empresa pode ajudar no processo.
» **Motivações:** o que leva o cliente a querer progredir para as próximas etapas (goal points).

» **Próxima etapa:** quais são os pontos que fazem a "passagem de bastão" para o passo seguinte.

Em casos que você ainda não tenha algo mais desenhado e aplicável vale também levantar hipóteses e validá-las até atingir o resultado esperado.

Vamos agora a um exemplo prático.

Supomos que uma ferramenta de disparo de e-mails precise entender os pontos da jornada do cliente em seu onboarding.

Onboarding

» **Touchs:** importação de base, disparo de um e-mail segmentado e importação de relatório de campanha.

» **Impacto:** cliente precisa ver o valor de um disparo de campanha seja para relacionamento ou para conquistar novos clientes.

» **Atritos:** usuário não consegue fazer as primeiras tarefas sozinho ou apresenta dificuldades em realizar.

» **Motivações:** o usuário precisa observar os futuros resultados com o uso do software a ponto de perceber suas vantagens competitivas.

» **Próxima etapa:** completar as tarefas para seguir com passos de automação e futuras integrações da ferramenta.

Com essas informações em mãos você ainda vai poder evitar:

» **Conflitos entre dispositivos:** quando um usuário se move de um dispositivo para outro, como não perder dados ou ações do celular para um computador.

» **Problemas entre os departamentos:** onde o usuário pode ficar frustrado por simplesmente ter pedido um boleto ao suporte e este tem demora na resposta do financeiro.

» **Comunicação entre os canais:** por exemplo, onde a experiência de ir das mídias sociais para o site poderia ser melhor.

Sinto dizer, mas esse processo não tem fim

A grande verdade se tratando de clientes e processos é que eles nunca serão os mesmos. Depois de mapear e validar, o passar do tempo vai mostrar outros comportamentos pois pessoas e o mercado mudam e você deve mudar também.

Faça um quadro visível da situação (inclusive coloque ele na parede aos olhos de sua equipe) com as evoluções da jornada para que não só os clientes, mas seu time como um todo possa interiorizar as etapas e fazer com que o sucesso do seu projeto seja ainda maior.

Os próximos capítulos irão mostrar com mais profundidade como aplicar na prática com passo a passo cada uma das etapas da nossa Jornada do Cliente rumo ao sucesso.

CHECKLIST DO CAPÍTULO

Veja o que você aprendeu no capítulo 4 sobre Jornada do Cliente
- ❏ Estabelecer perguntas para definir a Jornada
- ❏ Como criar o seu mapa da jornada do cliente
- ❏ Aspectos se encaixam na jornada
- ❏ Informações para evitar conflitos em processos futuros

SLA: O ALINHAMENTO ENTRE MARKETING, VENDAS E CUSTOMER SUCCESS

Acredito que se fossemos delimitar uma fronteira comum entre Vendas, Marketing e Customer Success (como área e não neste momento como empresa) esta seria o SLA.

Em uma definição mais objetiva o SLA (Service Level Agreement ou Acordo de Nível de Serviço) é um acordo entre diferentes áreas da empresa. Em outras palavras o SLA estabelece os critérios e específica tudo o que foi combinado antes da assinatura do contrato. Os livros, blogs e literatura em geral abordam mais classicamente marketing e vendas e documentações de Software SaaS, contudo vamos focar aqui como isso pode afetar também a área de Customer Success e quem oferece produtos ou serviços.

Tenho acompanhado durante esses anos como Customer Success a dor de diversas empresas no mercado brasileiro devido o grande número de cancelamentos de contas e desistências de clientes. Para muitos empresários o importante é vender a qualquer custo e a qualquer pessoa. O foco está no faturamento ao final do mês e não na manutenção do cliente que muitas vezes compra por impulso, tem uma péssima experiência e solicita cancelamento logo em seguida. Essas empresas não pensam em SLA.

POR QUE O SLA É TÃO IMPORTANTE?

Imagine que estamos em uma disputa nas olimpíadas participando da final do Revezamento 4 x 100. Quem está ao seu lado é um concorrente tão bom ou melhor que você, talvez ele seja até mesmo o favorito para ganhar a medalha de ouro, mas você chegou até ali e de forma alguma pensa em desistir de chegar em primeiro lugar. Seus colegas já se encontram posicionados mais à frente e você dará o melhor de si até a passagem do bastão e irá torcer para que todos façam o mesmo e cheguem à vitória.

Agora vamos imaginar que a pista de corrida é o nosso mercado e, ao invés de 4 x 100, a categoria é 3 x 100, da qual participam o Marketing, Vendas e Customer Success. O bastão é o nosso cliente que é levado pelas áreas até a conclusão de sua jornada. Cada passagem a outro departamento precisa estar alinhada, pois ao contrário não será possível ganhar a corrida comercial junto a concorrência e ficar no caminho é uma péssima possibilidade.

Se todos estiverem alinhados serão grandes as chances de vitória mesmo com um concorrente maior e mais forte. E mesmo que você não tenha ainda o porte para chegar ao primeiro lugar, com certeza estará entre os primeiros sendo uma referência no seu mercado. Ter um bom SLA é ter grandes chances de uma boa experiência, retenção e indicação de clientes.

SLA É UM ACORDO

Não se pode ter uma empresa com estrutura que apoia vendas, mas não apoia o time de Customer Success, isso pode ser um grande perigo a curto e médio prazo.

A cena clássica que vi muitas vezes em empresas com essa ótica: fim do mês, há corrida em toda a empresa atrás das metas. O time de vendas sofre a pressão dos números e precisa de qualquer maneira "botar conta pra dentro". A régua de pré-requisitos de entrada de contas cai, as vendas ocorrem e a equipe bate a meta mais uma vez. Uma alegria que contagia um setor, mas deixa outro extremamente com o pé atrás: a equipe de Customer Success.

Nesse momento o time de Customer Success Managers já sabe que vem problemas por aí. Clientes que não entenderam o que de fato compraram, desalinhamento de expectativas, insatisfação de clientes após a compra ou meses depois e, por consequência, pedidos de cancelamento com difíceis possibilidades de resgates. O bastão do revezamento foi passado, mas a corrida não acabará bem.

Os meses vão passando e a cena se repete como rotina. Contudo, o clima entre áreas começa a ficar mais complicado e, porque não dizer, mais hostil. As vendas atravessadas com quebras de SLA podem criar um verdadeiro problema baseado em dados entre Customer Success Managers e vendedores. O que era pra ser um trabalho de equipe organizado vira uma corrida de cada um por si e o resultado só tende a piorar.

A cena continua e pessoas começam a interpretar que a questão é pessoal. A essa hora o clima organizacional já está em pé de guerra e as áreas já não se comunicam mais como deveriam e o cenário de contas fadadas ao cancelamento precoce se torna um problema muito maior do que qualquer queda nas vendas.

O resultado final com a mentalidade de não possuir um SLA equilibrado fará com que vendedores batam meta e Customer Success Managers peçam as contas. Por isso definir um SLA é fundamental.

COMO DEFINIR O SLA

A resposta muito provavelmente estará dentro da sua empresa. Busque pontos em comuns em seus clientes, observe que as relações numéricas se revelam em padrões humanos. Quais os pontos em comum das características das empresas que tiveram cancelamentos precoces? Quais os pontos característicos que coincidem nos clientes que estão há mais tempo em parceria com você?

Pontos em comum se acumularão e se tornarão dados importantes para estudo. Verifique o MRR das contas canceladas precocemente além do LTV. Os motivos de cancelamento mesmo não sendo os mesmos podem se revelar em pontos em comum. Coloque isso em um gráfico para mensuração e a resposta de alinhamento para marketing e vendas virá.

O SLA E AS ÁREAS

É claro que cada um irá defender o seu interesse. Marketing quer passar os melhores leads, vendas quer realizar o maior número de fechamentos possíveis e Customer Success quer reter todos os clientes da base. E é aqui que o papel da Gestão entra em ação. Líderes precisam levar à mesa não só seus interesses em discurso, é preciso trazer números para a discussão e trabalharem em equipe. A passagem de bastão deve ser dinâmica e o pensamento no coletivo, afinal estamos todos no mesmo time e disputando a mesma corrida.

Escutamos a área de vendas pedindo mais leads qualificados para marketing, relatando que os que chegam "não viram", o marketing questiona porque leads tão bons não se tornam vendas e Customer Success acompanha as contas e novos clientes que entendem como desalinhados. Muitas dessas discussões e desalinhamentos passam por perspectivas de personas diferentes. Cada área acaba tendo sua visão de cliente ideal diferente e isso é um erro.

Então é preciso chegar em um comum acordo não só no papel. É preciso botar em prática e acompanhar se esse perfil definido de fato é o melhor para empresa. O mercado muda e nossas visões sobre ele também. Mas quem vai responder se estamos no caminho certo? A resposta novamente é: os números.

MÉTRICAS: O QUE É REFLEXO DO SLA

Vendedores trazem a experiência do dia a dia na comercialização do produto ou do serviço, marketing traz os dados de mercado e os reflexos de suas ações na captação de novos leads e Customer Success vem com suas experiências e dados de relacionamento. Todos aqui possuem dados e métricas que precisam ser levados em consideração se o SLA está de acordo com as expectativas da empresa.

Número de leads qualificados enviado ao time de vendas no mês, número de vendas realizadas com esses leads e clientes adquiridos dentro do mesmo tempo e que atinja o custo de aquisição durante sua permanência na base. Estas são apenas algumas métricas que podem ser levadas em consideração no estudo de SLA.

Reúna todos os dados e determine um período de tempo para apresentar um estudo destes indicadores. Fazer uma revisão e comparar os dados periodicamente ajuda e muito no acompanhamento do SLA entre áreas, com elas temos alguns insights como:

Marketing está enviando leads "maduros"?

Vendas está "baixando a régua" para entrada de novas contas?

Customer Success está com processo de atendimento adequado?

O tempo ideal para realizar esse alinhamento varia de acordo com o ciclo de venda do seu produto ou serviço. Dessa forma, busque um prazo em que as tomadas de decisões não cheguem com dados precoces ou tardios. O mais importante é fazer com que a troca de informações sempre aprimore o seu SLA para ter em sua base clientes ainda melhores.

PASSAGEM DO BASTÃO RUMO À VITÓRIA

Voltando a nossa corrida de revezamento. Quando marketing e vendas estão alinhados, os critérios são claros e ambos os lados confiam na capacidade do outro, fazer a passagem de bastão ocorre muito mais facilmente e chega ao time de Customer Success de forma que o cliente estará ao final na linha de chegada mais seguro, confiante tendo a melhor experiência ao longo do caminho.

CHECKLIST DO CAPÍTULO

Veja o que você aprendeu no capítulo 5 sobre SLA e alinhamento de vendas

- ☐ O que é SLA
- ☐ Por que o SLA é tão importante
- ☐ SLA é um acordo de áreas
- ☐ Como definir o SLA
- ☐ Como metrificar o alinhamento

SUPORTE: O MARCO ZERO DO CUSTOMER SUCCESS

6

Imagine você contratar um produto e durante o processo de uso surge uma dúvida. Você então busca uma forma de contato e descobre que não existe um canal direto com a empresa e não será possível tirar a sua dúvida. Qual seria nesse caso a sua reação?

Tenho certeza que sua atitude não seria das melhores, também pudera, onde estaria o suporte no momento em que você mais precisaria dele? Esta é uma área extremamente estratégica para qualquer empresa que atua com produto ou serviço de recorrência ou assinatura, pois ela é a base do atendimento e às vezes até mesmo a porta de entrada do relacionamento entre você e seu cliente.

A DIFERENÇA ENTRE SUPORTE E CUSTOMER SUCCESS

Conversando com diversas empresas do mercado, percebi que a maioria que busca implantar uma área de Customer Success para si, ainda muito sem entender como funciona a área de fato, acaba confundindo os papéis do Suporte com Implementação e Adoção muitas vezes sobrecarregando o profissional da área e deixando de separar e especializar sua equipe como um todo.

"O nosso Customer Success tira as dúvidas da ferramenta quando nosso cliente entra em contato, seja por e-mail ou mesmo por telefone". Essa frase é muito comum em empresas iniciantes na área, mas desde já vamos separar o setor de Suporte das áreas de Implementação e Adoção que veremos nos capítulos posteriores.

Para ficar mais claro seguem alguns diferenciais:

Suporte	Customer Success de Implementação e Adoção
Atendimento reativo	Atendimento proativo
Curto relacionamento	Relacionamento de longo prazo
Foco em dúvidas ferramentais	Foco em dúvidas estratégicas
Não possuem clientes fixos	Possuem carteira de clientes
Possui níveis de atendimento	Atendimento em único nível

Entendendo um pouco as diferenças de cada setor é preciso também observar as expectativas da área em relação ao atendimento do cliente.

Não basta apenas colocar no papel, contratar pessoas e esperar acontecer conforme sua empresa quer. Tudo no mundo empresarial precisa de estratégia. Na área de suporte não é diferente: antes de começar faça as seguintes perguntas e responda nos cenários: mínimo, real e o mundo perfeito.

» Quais serão seus canais de atendimento?
» Qual o tempo de resposta aos seus clientes para cada canal?
» Qual será o tom, linguagem e forma de comunicação?
» Como você vai lidar com desentendimentos?

- » Como você vai tratar casos mais graves como assédios ou ameaças?
- » Há alguma coisa que você não é capaz de dar suporte?
- » Quem será o responsável pelo atendimento ao cliente?
- » Quais princípios éticos você vai apoiar?
- » Que resultados espera em curto, médio e longo prazo?

SUPORTE E OS NÍVEIS DE ATENDIMENTO

Com essa perspectiva em mãos fica mais fácil entender todos os cenários que sua empresa passa ou poderá passar junto ao seu suporte. Para que possamos ter mais agilidade e entender os papéis desse setor podemos dividir o atendimento em até 3 níveis. Cada um deles com sua especificidade e com objetivo de suprir demandas com maior agilidade e qualidade. São eles:

- » **Atendimento de 1° Nível:** são responsáveis pelo primeiro contato e respondem a chamados mais simples. Instruções básicas, dúvidas que podem ser respondidas por FAQ (Perguntas Frequentes) ou mesmo que não precisem de um aprofundamento maior ficam com este atendimento.
- » **Atendimento de 2° Nível:** são responsáveis pelo atendimento de chamados de maior complexidade. Geralmente aqui entra o time de T.I. na busca de uma solução. Bugs, falhas no sistema e assuntos que pedem maior profundidade ficam por conta deste nível.
- » **Atendimento de 3° Nível:** time especialista em algum ponto mais aprofundado da ferramenta. Nem todas as empresas têm a necessidade deste nível. Muitos acabam deliberando as situações ao nível 2.

O atendimento em 1° nível sempre irá determinar se a demanda precisa ser passada adiante. Em alguns casos com contas mais específicas quando se trata de um tema mais estratégico que ferramental, a dúvida pode ser também passada diretamente para um Customer Success que dará continuidade ao ticket.

CANAIS DE ATENDIMENTO

Mas qual canal de atendimento devo usar? A resposta parece um tanto óbvia, mas é uma verdade: o melhor canal é onde o seu cliente está e onde você terá condições de atender. Se seus clientes usam bastante o e-mail para tirar suas dúvidas você precisará fornecer um ótimo suporte para mantê-los satisfeitos. Se eles preferem o chat é importante estar pronto para o suprir as demandas. A regra é válida para todas as plataformas usadas por sua empresa em relação a suporte. E aqui vamos usar duas formas:

1:1 (one to one): atendimento individual.

1:many (one to many): atendimento para mais de uma pessoa.

Mas por onde de fato eu posso começar? Em termos de praticidade podemos iniciar pelo e-mail e vamos aumentando os canais de acordo com a demanda e característica de cada perfil que fará uso da ferramenta ou serviço.

Vejamos os exemplos a seguir:

E-MAIL

Canal: 1: many

Tempo ideal de primeira resposta: até 4h

A porta de entrada do seu suporte. Esse é canal mais simples de ser criado. Basta apenas uma conta de e-mail para começar. Escolha algo fácil de lembrar como suporte@suaempresa.com, faleconosco@suaempresa.com ou contato@suaempresa.com ou, por exemplo. Deixe ele sempre à vista no seu site com uma mensagem amigável dando abertura para uma conversa.

Aproveite e crie um banco de dados para problemas comuns, assim ficará mais fácil para seu time responder com assertividade e velocidade. Tente também sempre que possível enviar uma mensagem personalizada. Resolver um problema com rapidez e atendimento personalizado é fórmula certa para deixar seu cliente um fã do seu atendimento.

TELEFONE

Canal: 1: 1

Tempo ideal de primeira resposta: 15 segundos

Atendimento direto, humano e de fácil contato e aceitação do público em geral. É muito difícil hoje ter uma pessoa que não saiba usar um telefone. Esse canal a princípio é uma ótima opção, e de fato é, mas é preciso ter algumas ressalvas para o uso.

Deixe bem claro os horários de atendimento (exemplo: das 9h às 18h por exemplo). Pergunte-se caso seu perfil seja 24/7 por exemplo se você terá pessoas e estrutura para ter esse canal. Outro ponto importante: se o seu atendimento precisa ser resolvido com imagens (apresentar um gráfico ou dividir a tela para apresentação) será preciso outro meio para esse atendimento.

FAQ

Canal: 1: many

Usabilidade de primeira resposta: 3 a 5 cliques

O FAQ (Frequently Asked Questions) ou Perguntas Frequentes ou Central de Ajuda tem por objetivo tirar dúvidas, responder de maneira simples e rápida as perguntas e objeções mais comuns que os clientes tenham. Ele pode ser um eficiente canal atuando como primeiro ponto de contato para clientes que procuram respostas antes de entrar em contato diretamente com o suporte.

Para começar ou otimizar o seu FAQ use o conteúdo dos e-mails recebidos com as mesmas perguntas de forma contínua, além de buscar as dúvidas mais comuns nos tíquetes de suporte. Tenha foco na relevância, na utilidade e nas oportunidades para transformar essa pergunta em um caminho para engajar o cliente para o próximo passo na sua jornada.

A navegação dentro do FAQ deve ser fácil e dinâmica. Seu cliente não pode demorar a achar uma resposta e, mesmo assim, caso não encontre é preciso dar continuidade em seu atendimento levando-o a outro canal.

Dividir por etapas da jornada ou temas de usabilidade podem ser um caminho. Adicione também uma opção de pesquisa. Espaço para feedbacks ou avaliações das respostas também ajudam a aprimorar o canal.

MÍDIAS SOCIAIS

Canal: I: many

Tempo ideal de primeira resposta: 6h

De acordo com um estudo da Gartner, empresa americana especializada em pesquisas empresariais, afirma que empresas que ignoram solicitações de suporte nas mídias sociais observam uma taxa média de cancelamento 15% maior do que as empresas que não o fazem.

Neste canal crie uma estratégia de atendimento com o seu time dentro das mídias que sua empresa atua e não esqueça de deixar claro os seus horários de atendimento. Olhe suas páginas, mas não esqueça de monitorar todas as outras mídias que você não está oficialmente presente. Não é porque você não está em uma rede que as pessoas deixarão de falar sobre seu produto.

Ainda sobre seu atendimento é bom lembrar: você está em um ambiente público atuando em tempo real. Todas as interações pedem um pouco mais de cuidado que os demais canais. As conversas dos profissionais de suporte devem ser oportunas, precisas, breves e amigáveis. Um erro aqui pode levar a proporções de uma ação de gestão de crise. Fique sempre atento.

CHATBOT

Canal: I: many

Tempo ideal de primeira resposta: I minuto

A busca de um atendimento humanizado através de um aplicativo. Com ele, é possível acelerar o atendimento, reduzir custos operacionais e melhorar o relacionamento com o cliente.

O Chatbot tem por objetivo buscar descobrir as demandas do usuário e como entregá-los. Através da tecnologia de machine learning (aprendizado de máquina) e do processamento de linguagem natural (NLP, na sigla em inglês) o sistema vai se aprimorando e tendo respostas mais precisas. Apesar da eficiência tecnológica, fazer a troca de todo o atendimento humano pelo Chatbot (atendimento 100% automatizado) ainda é um erro considerável.

CHAT

Canal: I: many

Tempo ideal de primeira resposta: 4 minutos

Meio termo entre o e-mail e o telefone. O canal dá a vantagem de ter conversas instantâneas com os usuários enquanto eles usam seu produto, o que torna as orientações mais eficientes gerando bons resultados além de criar uma conexão pessoal com clientes que buscam suporte imediato.

Neste tipo de atendimento há um ponto muito importante a ser considerado antes de adotá-lo: as solicitações em chats ao vivo precisam ser tratadas rapidamente. É a mesma lógica do atendimento telefônico. Com a demora na resposta o cliente já começar o atendimento irritado ou insatisfeito. Fique alerta.

QUAIS OS NÚMEROS DE ATENDIMENTO DO MERCADO?

A Zendesk, referência mundial em plataforma de atendimento ao cliente lançou um estudo chamado *The Zendesk Customer Experience Trends Report 2019*. De acordo com a própria empresa os dados não são de uma pesquisa ou uma opinião especializada, mas sim um índice de dados com base no atendimento ao cliente real e nas interações de suporte de mais de 45.000 organizações participantes em 140 países. Os dados são muitos ricos e vale aqui apresentarmos.

- » Satifação do cliente: 94%
- » Tempo de primeira resposta: 4h
- » Tempo de Full Resolution (Resolução Total do Chamado): 20h
- » Volume médio de tickets por mês: 258 tickets
- » Ticket resolvido na primeira resposta: 39%
- » Número de respostas até a resolução: 8 respostas

O ATENDIMENTO DO SUPORTE É APENAS O COMEÇO

Após entender, avaliar e estruturar sua área de suporte chega a hora de aprimorar o atendimento da entrada do cliente até o final de seu ciclo junto a empresa. Esses processos chamados de Onboarding ou Implementação e Ongoing ou Adoção serão temas de nossos próximos capítulos.

CHECKLIST DO CAPÍTULO

Veja o que você aprendeu no capítulo 6 sobre Suporte

- ❏ O que é o suporte
- ❏ Diferença entre suporte e Customer Success de Implementação e Adoção
- ❏ Níveis de atendimento
- ❏ Tipos de atendimento
- ❏ Números de atendimento do mercado

ONBOARDING OU IMPLEMENTAÇÃO: OS PRIMEIROS PASSOS DO CLIENTE

Logo após a venda, seu mais novo cliente ainda não sabe exatamente o que fazer para conseguir usar o produto ou serviço. Aqui entra a fase de Onboarding ou Implementação. A figura do profissional de implementação ajudará ele a entender exatamente o que fazer para extrair o resultado que gostaria do uso do produto. Quanto mais fácil for usar o seu produto ou serviço, menor e mais simples será o seu processo de implementação.

IMPLEMENTAÇÃO E O ENGAJAMENTO PÓS-VENDA

O processo de implementação nada mais é do que inserir o seu novo cliente ao seu produto. Esse processo tem por objetivo guiar o usuário nas funcionalidades e facilitar o processo de uso em seus primeiros contatos para tirar as barreiras e criar engajamento de forma a ter mais clientes/usuários usando o produto de forma plena. Ao pensar nesse processo pergunte-se: quais são as ações de configuração necessárias no produto para que o cliente possa começar o uso?

Um dos pontos diferenciais entre serviços por assinatura e uma compra não recorrente é que seu principal objetivo não é de fato vender o produto ou serviço, mas sim fazer com que o uso seja frequente, gerar necessidade de uso, ao ponto de realizar a sua renovação e até mesmo aumentar o valor da contratação. O processo de implementação deve garantir que todos alcancem o nível mínimo de conhecimento para seguir usando a sua solução.

Neste estágio cabe à sua empresa montar um processo estruturado de aprendizagem para facilitar esse aprendizado. Para criar o seu processo será necessário entender o quanto se precisa entregar, qual o número de clientes x entrega e estrutura para o atendimento. Mais adiante vamos trabalhar algumas ideias e modelos passo a passo para ajudar nesse tema. Mas antes disso você e sua equipe precisam ter a ideia de qual "Primeiro Valor" será entregue.

A ENTREGA DO "PRIMEIRO VALOR"

Um dos pontos mais importantes para que uma renovação de contrato aconteça é o cliente ter visto valor no produto. Quanto mais rápido esse valor puder ser atingido, mais tempo o cliente terá para aprimorar a percepção de sucesso, ou seja, sua solução (ou parte dela nessa fase) vai atender a necessidade dele por mais tempo, garantindo mais resultado através do uso.

Imagine você dentro da sua empresa com uma necessidade urgente e estratégica que precisa de um produto e/ou de um serviço para resolver isso. Nesse momento é sua responsabilidade achar a solução ideal. Pois bem, você pesquisou e encontrou o que queria. Após ter contratado, a sua maior expectativa é de que seu problema seja solucionado da maneira mais rápida possível, não é mesmo? Então se isso é tão óbvio para você por que também não seria para o seu cliente? Contudo, posso afirmar que esse ponto é um dos maiores gargalos dos atendimentos atuais.

Em uma implementação é preciso se estabelecer um prazo para esta entrega. Empresas com característica de abordagem Tech Touch ou Low

Touch (falaremos disso mais adiante) tendem a fazer a sua entrega com o prazo máximo de 30 dias, outras empresas com atendimento mais complexo ou personalizado, tendem a fazer essa tarefa em média em 90 dias.

Independente do prazo estipulado o mais importante nesse período é a experiência do usuário em atingir o êxito e entender que sua primeira entrega alinhada logo após a venda foi atingida. Quando o cliente não vê esse valor inicial, a sensação de estar investindo errado ou não vendo qualquer tipo de retorno pode fazer com que toda a experiência no decorrer de 12 meses (tempo de sugestão de contrato) seja ruim, podendo haver grandes chances de cancelamento. Logo, mais do que ter o produto em mãos é preciso ativar.

ATIVAÇÃO

Ativação também pode ser a tradução da entrega do primeiro valor. Para definir a ativação do seu produto ou serviço pergunte-se: o que é fundamental para meu usuário? Quais tarefas que se ele não cumprir não terá como seguir adiante? Quais os pontos fundamentais que se não realizados ele não irá usar efetivamente?

Mas tome muito cuidado, há uma linha tênue entre os interesses da empresa x cliente. Preste muita atenção para não colocar o sucesso do produto ou serviço na frente do que é sucesso para as empresas que você atende. Seguir a linha errada pode ser um caminho doloroso e com muito prejuízo para voltar a rota certa.

Para estabelecer seus critérios de ativação pense em tudo que o cliente precisa para romper as barreiras iniciais do uso, da configuração, para andar sozinho pelo seu sistema.

Vamos pegar um exemplo do dia a dia. Para você se deslocar de um lugar ao outro de carro você precisa "ativar" o seu veículo com estes passos:

» Abrir a porta
» Entrar no carro
» Fechar a porta
» Dar a partida com a chave

» Pisar no acelerador
» Deslocar o carro

A partir daqui o seu usuário irá seguir o seu trajeto. Observe que em nenhum momento até aqui exigimos dele ligar o ar condicionado ou baixar os vidros, por exemplo. Verificar a autonomia do carro pelo painel e conectar o celular ao bluetooth, que seriam pontos ainda mais avançados, estão também fora de cogitação nessa fase. Aqui é apenas o básico para seguir adiante.

E no seu caso? Quais seriam os passos para encontrar a chave e abrir a porta do sucesso? Para esclarecer ainda mais, seguem alguns exemplos práticos de empresas SaaS.

Ferramenta de disparos de e-mail
» Importar uma base de e-mails
» Fazer uma segmentação para disparos
» Criar um e-mail
» Disparar uma ou mais campanhas
» Ver os resultados

Planos de assinatura de viagens
» Escolher um destino
» Fazer uma reserva
» Confirmar a reserva
» Realizar a viagem

Ferramenta de marketing de relacionamento para restaurantes
» Criar uma oferta
» Inserir uma imagem
» Estabelecer uma pontuação
» Fazer um disparo de campanha
» Acompanhar os resultados

Ferramenta de marketing para hospedagem
- » Inserir URL do hotel
- » Publicar um quarto
- » Inserir imagens do quarto
- » Preencher descrição do quarto
- » Inserir as políticas de idade, cancelamento, hotel, etc...
- » Inserir forma de pagamento
- » Ver os resultados

FORMATOS DE ONBOARDING

Para realizarmos o primeiro contato com o cliente precisamos de um um processo para segmentar e estabelecer a forma de aproximação que irá guiar os próximos passos. Com isso podemos dividir o onboarding em 4 categorias: Tech Touch, Low Touch, Mid Touch e Hi Touch.

Neste momento é importante lembrar dos critérios de segmentação de base que vimos anteriormente, para criar o formato de onboarding da sua empresa de acordo com cada grupo de clientes.

ATENDIMENTO DE IMPLEMENTAÇÃO TECH TOUCH

Sem interação humana, o formato tech touch de onboarding pode funcionar melhor em produtos que são auto explicáveis, sem complexidade de configuração ou escala de aprendizagem.

Aqui a interface do produto impacta diretamente no sucesso desse modelo de onboarding.

Com um custo muito menor com relação ao investimento de mão de obra humana na operação, o modelo é escalável através de ferramentas de automação de processos. Nesse caso, mandar um email para 1000 clientes terá o mesmo "trabalho" de mandar para 1 cliente.

ATENDIMENTO DE IMPLEMENTAÇÃO LOW TOUCH

Empresas que procuram fazer uma abordagem mais simples e direta a um maior número de clientes (geralmente com baixo ticket médio) e com menor contato humano ou menor escala de Customer Success no atendimento direto, usar a metodologia de onboarding Low Touch pode ser uma boa saída, mas também pode ser um grande problema.

Ao fazer uso de uma comunicação mais ampla e massiva é preciso ter cuidado quanto a segmentação da base, comunicação, engajamento e relacionamento frente a sua persona. Uma base muito ampla pode acarretar em uma queda de engajamento e com isso o aumento de cancelamentos por pouco uso, decorrente da falta de informação dos passos iniciais para o aprendizado.

Contudo, se o acompanhamento do processo for bem estruturado, sua base tiver um bom engajamento e seus clientes entenderem seu processo e corresponderem a sua implementação você terá uma poderosa máquina de crescimento e escalabilidade de clientes com ações efetivas e custos menores de investimento.

A seguir temos um passo a passo baseado no *"Elements of SaaS Customer Onboarding"* da Chartmogul para você usar como um modelo inicial e ter um norte para sua empresa. Criamos uma tabela com estilo de Check list para usar no dia a dia com dicas adicionais. Grande parte do processo, praticamente até o final, será automatizado, por isso, uma ferramenta de disparos automatizada poderá ser uma boa solução para o processo inicial do projeto.

Onboarding ou Implementação: os primeiros passos do cliente | CUSTOMER SUCCESS

Exemplo de Passos	Exemplos de ações	Exemplo de Status	Dicas
1 - E-mail de boas vindas	Nome do assinante	Sim	Após a assinatura envie um e-mail de boas-vindas. Faça um conteúdo simples e insira todas as informações relevantes para os primeiros passos.
	Primeiros passos	Sim	
	Links	Sim	
	Agradecimento	Sim	
2 - Campanhas educacionais	Passos de ativação 1	Atrasado	Tome cuidado de enviar apenas um conceito por e-mail. Faça ele enxuto e objetivo e tenha um "plano B" para clientes desengajados.
	Passos de ativação 2	Atrasado	
	Passos de ativação 3	Atrasado	
3 - Primeiro login	Notificação de login	Não	Deixe claro tudo o que vem a seguir. Lembre-se que há uma enormidade de funcionalidades e recursos que ele pode nunca ter visto antes.
	Texto no botão de dúvidas	Não	
	Checkpoint para usuário	Não	
4 - Tutorial	Capítulos da ferramenta	03/05	Faça um guia com passos rápidos para que ele entenda que está acelerando no aprendizado e engage mais.
	Dados estratégicos	07/05	
	Links relevantes	07/05	
5 - Importação de dados	Tutorial para importação	-	Observe o que impede de seguir adiante: em muitos casos podem haver pontos em comum de "trava" na hora da importação. Crie um apoio como um vídeo tutorial ou um SAC.
	Subir arquivos	-	
	Verificar arquivos	-	
	Fazer uso dos arquivos	-	
6 - Documentação	Criar documento	-	Deixe seu documento atualizado: ter um documento "vencido" é pior do que não ter documentação alguma.
	Checar com equipes	-	
	Revisar documento	-	
7 - Notificações	E-mail 01	-	Faça uso da frequência: mas cuidado, há uma linha muito tênue entre ser informativo e um spammer. O equilíbrio é fundamental e provavelmente precisará de um certo tempo e testes para achar o ponto certo.
	E-mail 02	-	
	E-mail 03	-	
	E-mail 04	-	
8 - Call de acompanhamento	Contato com cliente	-	Ligue na hora certa: há um momento ideal para essa ligação, descubra o seu. É possível colher muitas informações mas é preciso saber como pedir. Faça um roteiro e filtre as opiniões muito individuais.
	Roteiro de abordagem	-	
	Feedback	-	
	E-mail de Follow up	-	
9 - Brindes	Separar brinde	-	Brinde só vai funcionar bem se for um adicional de uma ótima experiência que seu cliente teve até aqui. Não será ele quem vai salvar uma implementação mal sucedida.
	Envio do brinde	-	
	Follow up do recebimento	-	

O exemplo da tabela é apenas para servir de guia para que seu onboarding no formato low touch seja executado. Cada empresa tem sua forma de relacionamento e seus passos. O mais importante aqui é entender como ela irá se adaptar a sua realidade.

FIM DA JORNADA LOW TOUCH

Trabalhar com alto volume de clientes exige uma observação geral constante da base. Os números serão respostas de comportamentos e cada movimento é preciso se estudar, fazer testes A/B e aguardar, muitas vezes pacientemente, a resposta. Não há uma fórmula mágica (estamos tratando de pessoas, lembra?). Mas a metodologia apresentada pode ser adaptada a sua realidade, otimizada por sua equipe e ter resultados acima da média.

Caso você tenha um projeto que requer um contato mais próximo junto ao seu usuário vamos então falar sobre Implementação e Onboarding Mid Touch.

ATENDIMENTO DE IMPLEMENTAÇÃO MID TOUCH

O trabalho de um Implementador Mid Touch tem foco em uma carteira específica de clientes. Todas as atividades e demandas estratégicas do passo a passo da implementação são centralizadas e respondidas por esse profissional. Ele é responsável pela evolução de seus clientes no primeiro contato com a ferramenta bem como o relacionamento em média de 30 a 90 dias com cada cliente. Ele responde por métricas e metas individuais de desempenho.

» **Carteira individual:** a carteira de clientes pertence a cada Implementador, ou seja, ele é responsável pelo onboarding de um número de clientes em sua base em um determinado período de tempo específico para cada um deles como uma data de vencimento.

» **Atendimento 1:1** ele é feito por meio de conversas online entre o cliente e o implementador. Elas geralmente são previstas para acontecer semanalmente ou a cada 15 dias por um determinado período e com um escopo determinado.

» **Criação do Setup Básico:** é o primeiro passo e serve para garantir que o cliente irá retirar as barreiras no uso da ferramenta desde o momento inicial, possibilitando assim uso pleno do produto ou serviço.

» **Entrega do Primeiro Valor:** que é como consideramos o projeto de implementação bem-sucedido. Esse Primeiro Valor é alinhado com o cliente já na escolha do treinamento. Ele guiará as conversas e as atividades a serem executadas.

O formato do trabalho do Mid Touch é baseado em número de encontros e horas de atendimento (4 encontros de 1h, por exemplo). Ele possui uma jornada de começo, meio e fim com data limite para o término e passagem de bastão para o Customer Success de Adoção que dá os passos seguintes.

O modelo de implementação permite você ter vários módulos de atendimento de acordo com cada necessidade inicial de diversas personas que você atende. Em cada processo o número de horas e encontros pode variar e o valor a ser cobrado também é determinado de acordo com cada perfil de implementação.

ATENDIMENTO DE IMPLEMENTAÇÃO HIGH TOUCH

O modelo High Touch de Implementação é focado para contas com valores maiores de recorrência e de importância estratégica para a empresa. Aqui o investimento por parte do cliente é mais alto e a dedicação à implementação também. As características básicas de Mid Touch estão todas presentes aqui com a diferença de que o perfil é mais dedicado podendo haver até reuniões presenciais por exemplo.

Dados os tipos de atendimento vamos a seguir apresentar alguns modelos de tabelas, kanbans e estruturas básicas de acompanhamento de desempenho e contas para você começar a dar os primeiros passos em uma Implementação.

ACOMPANHAMENTO DE DESEMPENHO

Neste ponto vamos tratar de formas de acompanhamento de contas na implementação e como estruturar um cockpit para o Customer Success de Implementação. Teremos um aprofundamento sobre o assunto de métricas em um capítulo especial que falará só sobre o tema com mais propriedade. Aqui vamos criar um quadro para acompanhar os KPIs da área em um overview para você adaptar ao seu modelo de negócio e inserir novos pontos de mensuração.

MODELOS DE COCKPIT

Cockpit significa um painel de controle, como aqueles que estão presentes nos aviões e carros de corrida por exemplo. Da mesma forma um Customer Success de Implementação tem seu cockpit para controle das suas contas. Seguimos aqui com alguns exemplos práticos.

O primeiro exemplo é um Kanban. Ele foi inspirado em modelos de algumas empresas que pesquisei ao longo do período em que coletei dados para escrever este livro. Você poderá encontrar alguns modelos em inglês *("to do", "in progress", "done!"* Por exemplo). Com ele você pode usar para rastrear todos os projetos, divididos de acordo com as principais etapas dos processos. Dessa forma fica mais fácil observar as contas e apontar que estágio cada cliente está.

No exemplo temos contas que deram sua entrada no início do ano e fevereiro.

	Clientes que entraram	A realizar	Realizando	Feito!
Ação básica				
Ação avançada 1				
Ação avançada 2				

- Clientes de janeiro*
- Clientes de fevereiro

*Cada quadrado desse simboliza um post it. Nele é inserido o nome do cliente e a data de entrada.

Onboarding ou Implementação: os primeiros passos do cliente | CUSTOMER SUCCESS

O quadro anterior é focado para um controle de equipes e suas contas. A seguir teremos um exemplo de cockpit para uso do Customer Success de Implementação. A próxima tabela faz um acompanhamento dos processos com datas e a mensuração do tempo de passagem da conta para o Customer Success de Adoção que veremos no próximo capítulo.

Cliente	Data de contratação	Data do início do onboarding	Reunião 01	Reunião 02	Passagem para Adoção	Tempo de permanência no onboarding/dias
Cliente A	01/05	05/05	10/05	20/05	22/05	21
Cliente B	02/05	05/05	06/05	20/06	22/06	51
Cliente C	01/05	05/05	18/05	20/05	23/05	22

Tendo esses dados em mão quem será a melhor pessoa para tratar dessas atividades? Qual seria o melhor perfil profissional que atenderia as demandas com mais facilidade, agilidade e qualidade? É o que vamos responder a seguir ao desenharmos o perfil profissional do Customer Success de Onboarding ou Implementação.

PERFIL DO IMPLEMENTADOR

O papel do Implementador é acompanhar os primeiros passos rumo a adoção do produto. Seu objetivo é, durante o processo de onboarding, remover as barreiras, fazer com que fiquem engajados no uso do produto e estejam prontos para os próximos passos de uso da ferramenta seja através de contatos remotos, calls à distância ou atendimento direto no local do cliente. Na maioria das vezes após fechar as metas de implementação o cliente passará a se relacionar com o Customer Success Manager.

Fiz uma pesquisa onde selecionei os pontos em comum que as empresas estão mais buscando. O local que mais achei vagas ofertadas foram no LinkedIn onde o foco em empresas de tecnologia é mais presente.

Perfil profissional

» Customer First, apaixonado por entregar um atendimento de valor aos clientes;
» Gostar de resolver problemas de pessoas;
» Gosta de se relacionar com clientes;
» Saber trabalhar de forma organizada com gestão de tempo, agenda e prazos;
» Ter didática para ensinar, ser paciente e saber como orientar seus clientes;
» Possuir uma comunicação clara, objetiva e persuasiva;
» Resiliência para contornar situações de crise;
» Capacidade de influenciar e delegar tarefas de acordo com a necessidade de cada cliente;
» Boa redação para comunicação;
» Visão analítica para a sugestão e execução de projetos focados na melhoria da experiência de clientes;
» Motivação em trabalhar com metas.

Atividades previstas

» Fazer o primeiro contato com o novo cliente após a contratação;
» Realizar diagnóstico do cliente para melhor aplicar o projeto escolhido;
» Alinhar com clientes o objetivo do onboarding e como farão os projetos juntos;
» Manter o engajamento de clientes durante a implementação;
» Propor e conduzir ações/projetos de melhoria na operação e entrega de sucesso aos clientes;
» Atuar junto a outros departamentos a fim de garantir a ativação dos clientes;
» Fazer reuniões com clientes de acordo com o escopo.

Desejável
» Experiência em Implantação de Software ou Suporte;
» Conhecimento do dia a dia do mercado em que vai atuar;
» Conhecimento em inglês;
» Conhecimento de metodologias ágeis;
» Resida no local ou facilidade para trabalhar remoto.

IMPLEMENTAÇÃO E RENTABILIDADE

Nem todas as empresas precisam de fato de um implementador, isso vai depender diretamente da complexidade do processo do produto ou serviço e sua rentabilidade junto a empresa. Muitas organizações que trabalham com recorrência, como Netflix, Spotify ou Uber, por exemplo, não possuem esse tipo de serviço.

Em outros casos, temos diversas empresas que possuem um serviço de onboarding mas não geram a cobrança do serviço devido sua baixa complexidade. Geralmente são empresas que fazem seu onboarding com automações e entregas mais amplas com serviço Low Touch.

Para implementações pagas há a possibilidade de se gerar pacotes de onboarding. Nesse formato é possível fazer cobranças diferenciadas de acordo com horas de trabalho, complexidade de soluções ou mesmo estilos de atendimento diferenciado.

Perceba qual modelo estará mais apto a sua empresa. Verifique, calcule, mensure seu Retorno de Investimento (ROI). Novamente, não há fórmulas prontas e nem respostas certas. Cada caso será um caso e cabe a você e sua equipe mensurar todos os pontos importantes e a estratégia que a sua empresa pretende a médio e longo prazo.

Se de um lado temos a vantagem do cliente fechar com mais facilidade pelo serviço gratuito, por outro temos a participação mais ativa do cliente por justamente ele estar pagando por isso.

Independente da forma de atendimento engajar um cliente leva tempo, dedicação e investimento. Faça dessa experiência uma busca constante do Wow moment que comentamos no início do livro e crie a primeira impressão do seu serviço algo que irá durar durante todo o período em que ele estiver com você.

Boas implementações!

CHECKLIST DO CAPÍTULO

Veja o que você aprendeu no capítulo 7 sobre Implementação
- ❏ O que é a entrega do primeiro valor
- ❏ O que significa ativação
- ❏ Quais são os formatos de onboarding
- ❏ Modelos de Cockpits para Implementação
- ❏ Perfil profissional do Customer Success de Implementação

ONGOING OU ADOÇÃO: O CLIENTE RUMO AO SUCESSO

O QUE VEM APÓS A IMPLEMENTAÇÃO

Após o trabalho de implementação seu cliente já entendeu o Primeiro Valor, ou seja, atingiu o uso básico do seu produto ou serviço, chega então a hora da passagem da conta para o profissional que cuidará do processo de Ongoing ou de Adoção. Esse processo tem por objetivo guiar o cliente após seus primeiros contatos e dar continuidade ao engajamento no seu relacionamento.

A partir desse momento podemos abordar algumas perguntas feitas por Dan Steinman GM, Gainsight EMEA "O que um cliente saudável faz todos os dias / semanas?" O inverso dessa questão é igualmente importante: "O que um cliente com problemas faz ou não faz todos os dias / semana?"

Esse pensamento serve como base de acompanhamento do dia a dia da Adoção. O relacionamento aqui poderá ser de meses ou anos e cabe ao Customer Success de Adoção trabalhar de forma estratégica dos próximos passos daqui para frente. Com isso, vamos tratar aqui desde os primeiros passos pós implementação até um overview de acompanhamento de contas. E como primeiro ponto de atenção vamos abordar o que é Success Milestones.

SUCCESS MILESTONES: OS PASSOS DO SUCESSO

Success Milestones, ou na tradução literal, Marcos de Sucesso, ou ainda Fases de Sucesso, é a metodologia que separa ações em fases para gerar recorrência de resultados para o cliente. No caso do ongoing ela é usada logo após a implementação até que o cliente consiga usar com fluência. Para cumprir esse objetivo não basta apenas entender se faltou fazer algo na implementação para que ele ande sozinho. É preciso agora estabelecer novas metas e passos para que o usuário entenda que está progredindo e assim continuar evoluindo junto com sua empresa.

O papel do Customer Success Manager aqui é justamente mostrar o mapa e os caminhos a serem seguidos. Cada ação precisa de uma meta a ser atingida. Em nosso exemplo no capítulo anterior, falamos de um carro. Em um primeiro momento aprendemos a ligá-lo e a tira-lo do lugar. Agora chegou o momento em que vamos aprender os outros passos, por exemplo:

» Andar com segurança

　Ligar as setas

　Passar novas marchas

　Usar o cinto

» Dirigir com navegação

　Entender todo o painel do veículo

　Economizar combustível

　Verificar novas rotas

» Aumentar o conforto
Uso do ar condicionado
Altura do banco
Integração com celular

As Fases de Sucesso aqui estão separados em "Andar com segurança", "Dirigir com navegação" e "Aumentar o conforto". Observe bem que assim como o uso do produto ou serviço ele pode adiantar alguns passos de outras fases mesmo sem ter feito outras, é comum na usabilidade um cliente trabalhar com o que é mais simples para ele. Se em algum momento for entendido que a ordem das fases precisa ser alterada também pode-se fazer como no caso, deixar a fase "Aumento do conforto" ir antes da fase "Dirigir com navegação".

Podemos ainda dividir os mesmo passos em Ações e Metas a serem atingidas:

	Fase 01	Fase 02	Fase 3
	Andar com segurança	Dirigir com navegação	Aumentar o conforto
Ações	Ligar as setas	Entender todo o painel do veículo	Uso do ar condicionado
	Passar as marchas		Altura do banco
	Usar o cinto	Economizar combustível	Integração com celular
		Verificar novas rotas	
Metas	Atingir 60 km/h	Rodar 15km/litro	Atingir 23 graus dentro do veículo
	Rodar 50 km	Usar 3 vias alternativas	Fazer 3 ligações telefônicas (carro parado)

Sabemos que cada cliente é um caso à parte com necessidades específicas e seus desafios, mas nem por isso temos que desenhar uma Fase de Sucesso para cada um deles. Nosso objetivo com as Fases de Sucesso é justamente criar uma escalabilidade de uso para que possamos fazer um overview da base e entender conjuntos de comportamentos e evolução de cada conta. Por isso se faz estratégico simplificar cada fase para atingir o maior número de perfis possíveis e levá-los a resultados esperados.

Passando por todas as fases e atingindo todas as metas entendemos que o cliente chegou a um alto nível de maturidade junto ao produto ou serviço e ele já consegue excelentes resultados. Para isso vamos abordar modelos de atendimento e formas de como acompanhar esse processo de desenvolvimento.

MODELOS DE ATENDIMENTO EM ADOÇÃO

Podemos dividir basicamente em três tipos de atendimento:
» Low Touch: ticket médio baixo e maior número de contas.
» Mid Touch: ticket médio regular e número de contas mediano.
» High Touch: ticket médio alto e menor número de contas.

Enquanto o primeiro trabalha de forma mais coletiva os outros dois atuam de forma mais direta e o último modelo de forma mais exclusiva. Veremos com mais detalhes cada um deles a seguir.

CUSTOMER SUCCESS LOW TOUCH

O trabalho do Customer Success Low Touch geralmente se dá em equipes, nas quais cada um está responsável por uma ação mais específica. Enquanto um está em contato com um grupo segmentado de clientes, outro está em análise da base para ações. enquanto outro está trabalhando resgates de churn ou cobrando inadimplentes. Geralmente esse time responde por métricas e metas coletivas de desempenho. Esse modelo é ideal para contas com valor pequeno de recorrência e menor nível de demanda.

» **Carteira coletiva:** a carteira de clientes pertence ao time de Customer Success Managers, ou seja, todos são responsáveis pela retenção da base low touch e da receita recorrente do time: o MRR. A mensuração dos resultados desse trabalho geralmente se dá no início da cada mês verificando os dados do mês anterior.

» **Atendimento 1 to Many:** o acompanhamento e desenvolvimento dos clientes se dá através de um atendimento em massa. Os contatos reativos são por respostas de tickets estratégicos que não são responsabilidade do suporte e em alguns casos muito específicos são feitas ligações, mas sem recorrência.

» **Inadimplências:** dentro da equipe Low Touch podemos ter um profissional focado na cobrança e acompanhamento de inadimplências quando o financeiro ou setor de cobranças não realizar esse papel. O ideal é ter um SLA de passagem da área financeira para área de Customer Success com informações e número de cobranças realizadas além dos dias de inadimplência (exemplo: Customer Success assume a cobrança após 10 dias de tentativas por parte da área de Cobranças).

» **Combate ao churn:** o Customer Success Manager especializado em resgates de churn no time atua em contas com pedido de cancelamento no objetivo de mantê-las na carteira e trabalhar mais adiante com os clientes insatisfeitos. Mais para frente teremos um capítulo apenas para tratar deste assunto.

CUSTOMER SUCCESS MID TOUCH

O trabalho do Customer Success Mid Touch tem foco em uma carteira específica de clientes. Todas as atividades e demandas estratégicas são centralizadas e respondidas por esse profissional. Ele é responsável pela manutenção e expansão do MRR bem como o relacionamento com sua base. Ele responde por métricas e metas individuais de desempenho. Esse modelo é ideal para contas com valor médio de recorrência e nível intermediário de demanda.

» **Carteira individual:** a carteira de clientes pertence a cada Customer Success Manager, ou seja, ele é responsável pela retenção de um número de clientes em sua base além da receita recorrente: o MRR. Assim como no Low Touch a mensuração dos resultados desse trabalho geralmente se dá no início de cada mês verificando os dados do mês anterior.

» **Atendimento 1:1** diferente do Low Touch o acompanhamento e desenvolvimento dos clientes se dá através de um atendimento 1:1.

Geralmente essas reuniões se dão de maneira remota através de salas online e com horários programados (geralmente de 30 minutos a I hora).

» **QBRs:** Quarterly Business Review ou Revisão Trimestral de Negócios é a periodicidade que um Customer Success Mid Touch realiza suas reuniões para sua cobertura de base. A métrica de desempenho neste caso pode ser mensurada por números de reuniões com diferentes clientes realizadas no mês.

» **Health Score:** é o acompanhamento da saúde das contas. Ela se faz através da análise do comportamento dos clientes e ferramentas de monitoramento. Percebendo um comportamento de risco de cancelamento ou forte desengajamento o Customer Success Manager pode entrar em contato e marcar um QBR para ajudar o cliente, por exemplo.

» **Aumento do Ticket Médio:** o Customer Success Manager faz o mapeamento de oportunidades de upsell, upgrade de cross sell e ao sinalizar uma oportunidade entra em contato com o cliente ou repassa para o time específico na função.

» **Inadimplências:** quando o financeiro ou setor de cobranças não realiza esse papel cabe ao Customer Success Manager realizar a cobrança de inadimplentes. Da mesma forma que o formato Low Touch o ideal é ter um SLA de passagem da área financeira para área de Customer Success com informações e número de cobranças realizadas além dos dias de inadimplência.

» **Combate ao churn:** o Customer Success Manager procura realizar o resgate de churn quando não há uma pessoa especializada no papel. Conforme falamos em Low Touch mais adiante teremos um capítulo apenas para tratar deste assunto.

CUSTOMER SUCCESS HIGH TOUCH

O modelo High Touch se assemelha e muito com o Mid Touch, porém uma das principais diferenças é que esse profissional é responsável por um número menor de clientes, suas interações são mais frequentes e muitas reuniões são presenciais para um atendimento mais aprofundado e completo. Esse modelo é ideal para contas com alto valor de recorrência e nível alto de demanda.

ACOMPANHAMENTO DE DESEMPENHO

Não vamos falar agora sobre mensuração de resultados. Para isso temos um capítulo especial que falará sobre métricas e desempenhos. Aqui vamos tratar de formas de acompanhamento de contas e como estruturar um fluxo para times e cockpit para Customer Success Managers. Em resumo vamos criar um quadro para acompanhar os KPIs da área em um overview. Claro que não temos uma fórmula mágica, mas aqui vamos criar um norte para que você possa adaptar ao seu modelo de negócio.

MODELOS DE COCKPIT

Cockpit, conforme falamos no capítulo anterior, significa um painel de controle. Da mesma forma um Customer Success Manager tem seu cockpit para controle das suas contas. Seguimos aqui com alguns exemplos práticos.

MODELO PARA LOW TOUCH

	Clientes atendidos	Total de MMR do mês	Número de pedidos de cancelamento	MMR em Risco	Média de HS da base
Atual	110	$50.700,00	15	$6.700,00	40
Meta	99	$47.900,00	11	$5.000,00	50

Legendas

Clientes atendidos: total de clientes na base

Total de MRR no mês: valor total a ser pago mensalmente por todas as contas da base

Número de pedidos de cancelamento: total de clientes na base que solicitaram cancelamento

MRR de Risco: valor total que pode ser pedido em virtude dos cancelamentos

Média de HS da base: média total da saúde e usabilidade das contas da base

MODELOS PARA MID E HIGH TOUCH

Exemplo de gestão de contas com Success Milestones

Cliente	MRR	Fase 01	Fase 02	Fase 03	Health Score	Anotações
Cliente A	$590.00	ok	ok	x	60	Status do cliente
Cliente B	$720.00	ok	ok	ok	50	Status do cliente
Cliente C	$649.00	ok	x	x	10	Status do cliente

Legendas

Cliente: nome do cliente da carteira

MRR: valor a ser pago mensalmente pelo cliente

Fase 01: se todos os objetivos do marco 01 foram feitos

Fase 02: se todos os objetivos do marco 02 foram feitos, só dar ok com o marco 01 feito

Fase 03: se todos os objetivos do marco 02 foram feitos, só dar ok com o marco 02 feito

Health Score: saúde da conta, pode ser mensurado com ferramentas de Customer Success

Anotações: Reuniões com cliente, contatos via email, respostas de suporte, etc.

Exemplo de gestão de contas de risco e inadimplentes

Pedidos de cancelamento ou inadimplentes	MRR	Contato	Negociação	Fechamento	Total de clientes Resgatados	Cancelados
Cliente A	$590.00	ok	ok	Sim!	2	1
Cliente B	$720.00	ok	ok	Não		
Cliente C	$649.00	ok	x	x		
Cliente D	$649.00	ok	ok	Sim!		

Legendas

Cliente: nome do cliente da carteira

MRR: valor a ser pago mensalmente pelo cliente

Contato: cliente foi contatado via telefone ou e-mail

Negociação: cliente está em fase de negociação

Fechamento: qual o resultado da negociação

Total de clientes resgatados: clientes que decidiram não cancelar

Total de clientes cancelados: clientes que não querem mais manter a conta ativa

Tendo todos os dados em mãos e entendendo que junto aos nossos clientes temos um ciclo, vamos a fase final e tratar de darmos mais uma volta nessa relação e seguirmos em mais uma nova etapa, a renovação.

RENOVAÇÃO: A RETA FINAL PARA MAIS UMA VOLTA COM O CUSTOMER SUCCESS

Você já parou para se fazer a seguinte pergunta: eu deveria estar pagando por isso?

Use você mesmo como exemplo, procure lembrar quais serviços por assinatura está fazendo uso: TV a cabo, internet, plano de celular ou um aplicativo. Agora pergunte a si mesmo: eu deveria estar pagando por isso? Busque as sensações que estão lhe causando e veja quais você não renovaria contrato.

A sensação positiva ou negativa que foi sentida agora pode estar passando com o seu cliente nesse exato momento em relação ao seu produto ou serviço. Se você está entregando valor suficiente para ele com certeza a renovação estará garantida, caso contrário, seu contrato pode estar com os dias contados.

Como já abordamos no livro, segundo Kotler conquistar um novo cliente é 7 vezes mais caro do que mantê-lo, logo trabalhar a renovação não é uma opção, mas uma questão estratégica de rentabilidade para a empresa e consequência do trabalho e operação de Customer Success.

SINTOMAS DE UMA RENOVAÇÃO DE RISCO

» **Cliente acha o valor da mensalidade alta:** quando um cliente está achando seu produto ou serviço "caro" é sinal de que não está vendo valor suficiente. Temos aqui um risco de cancelamento ou renegociação para baixar o valor da mensalidade.

» **Reclamações constantes no suporte:** bugs, conflitos, demora no atendimento entre outros fatores. Quando um cliente começa a reclamar em seus tickets além de um sinal claro de insatisfação pode ser um alerta de cancelamento precoce ou não renovação ao fim do contrato.

» **Insatisfação com o Customer Success Manager:** os sintomas em relação ao suporte são semelhantes, mas aqui os assuntos podem ser diferentes, contudo, é preciso estar alerta e buscar reverter ou amenizar a situação para não ocorrer o cancelamento.

» **Inadimplência recorrente:** o cliente já não está vendo valor ao ponto de esquecer de pagar a fatura ou se sentir obrigado a realizar o pagamento deixando o valor vencer. Aqui o risco pode também ser o cancelamento da conta por inadimplência.

» **Feedbacks com nota baixa:** uma sequência de notas baixas pode ser um sinal de insatisfação ou mesmo indiferença com a pesquisa dando qualquer nota. Em ambos os casos entender esse sinal é fundamental para reverter o quadro e ter sucesso na renovação.

PERFIL DE UMA RENOVAÇÃO A CAMINHO

Cliente vê valor na compra: seu cliente entende como funciona seu produto ou serviço e sabe que sem ele a empresa não consegue os melhores resultados. Esse cenário é perfeito para uma renovação.

» **Satisfação do atendimento:** os tickets abertos são para tirar dúvidas da ferramenta, há engajamento do cliente e elogios à equipe.

» **Possibilidade de upgrade:** cliente observa o crescimento e entende que precisa de um investimento maior no produto ou serviço para dar continuidade em suas atividades

» **Pagamento em dia:** sinal de saúde na conta e no negócio do cliente.

» **Feedbacks com nota alta:** resultado de um bom trabalho da empresa frente ao seu cliente. Entender os motivos de satisfação também ajudam a replicar boas práticas em outras contas.

QUANDO LIGAR O ALERTA DE RENOVAÇÃO

Em contas de contrato anual já pode-se ligar o alerta a partir de 90 dias antes da renovação. Não é necessário nem obrigatório conversar com o cliente com tantos dias de antecedência. Essa abordagem vai do perfil da conta e de cada caso. Os sinais que já conversamos podem dar o alerta de quando entrar em contato para tratar do assunto em questão.

Depois de todos os passos dados, quem devo contratar? Qual o melhor profissional? Existe um perfil padrão? Para essas outras perguntas vamos ao próximo tópico deste capítulo.

PERFIL PROFISSIONAL

O papel do Customer Success Manager de Adoção é atuar no pós-venda, através da carteira de clientes, fazendo o acompanhamento do sucesso do cliente na utilização de produtos e serviços garantindo o engajamento de satisfação de clientes além de fazer a ponte junto às áreas de vendas, suporte e produto sempre que for necessário.

Em seguida será apresentado alguns pontos em comum que as empresas estão mais buscando. Essa pesquisa foi realizada principalmente no LinkedIn e sites de vagas de emprego.

Características gerais
- » Customer First, apaixonado por entregar um atendimento de valor aos clientes;
- » Gostar de resolver problemas de pessoas;
- » Ser organizado e trabalhar com alto volume de clientes;
- » Motivação para trabalho em equipe;
- » Saber trabalhar com metas e métricas de acompanhamento;
- » Ser persuasivo em negociações;
- » Resiliência para contornar situações de crise;
- » Possuir capacidade analítica para a sugestão e execução de projetos;
- » Boa redação para comunicação.

Atividades previstas

» Acompanhamento do sucesso do cliente na utilização de produtos ou serviços;
» Integrar áreas para atender solicitações do cliente;
» Atuar na redução da taxa de churn;
» Realizar e conduzir reuniões com os clientes periodicamente;
» Identificar oportunidades de upgrade;
» Negociar renovações de contrato;
» Estabelecer rotina organizada de contatos e atendimentos;
» Atuar junto a outros departamentos a fim de garantir a adoção dos clientes.

Desejável

» Atuação em empresa do ramo ou semelhantes;
» Conhecimento do dia a dia do mercado em que vai atuar;
» Conhecimento em inglês;
» Conhecimento de metodologias ágeis;
» Resida no local ou facilidade para trabalho remoto;
» Experiência com gestão de projetos.

CONSIDERAÇÕES FINAIS SOBRE ADOÇÃO

Trabalhar com relacionamento em adoção é estar sempre em busca do wow moment. É saber que o sucesso do cliente é o que movimenta toda a engrenagem da empresa a ir para frente. Ter em mente que cada um é parte fundamental do time e que todos da empresa são na verdade Customer Success. Se entendermos a cultura do sucesso do cliente com certeza o trabalho irá crescer, o faturamento aumentar e todos (empresa e clientes) estarão rumo ao caminho do sucesso.

CHECKLIST DO CAPÍTULO

Veja o que você aprendeu no capítulo 8 sobre Adoção

- ❏ Quais as características do Customer Success de Adoção
- ❏ Modelos de atendimento em Adoção
- ❏ Cockpits para os modelos de atendimento
- ❏ Renovação
- ❏ Perfil profissional

CHURN 9

O QUE É CHURN?

Em poucas palavras churn é a métrica que apresenta o número de clientes que cancelaram com o seu produto ou serviço em um determinado período de tempo.

Com ela é possível entender se a empresa está atuando da melhor forma na retenção de contas com pagamento recorrente ou mesmo calcular o valor da vida útil da conta. Além disso, é possível descobrir quais clientes são melhor sucedidos com seu produto e prever o desempenho da sua empresa.

Essa é uma das métricas mais importantes para uma empresa e principalmente para o Customer Success. A decisão de um cancelamento de conta não acontece da noite para o dia, ela é decorrente de um processo, de uma série de sintomas. Assim como uma doença que pode se agravar com o tempo e acarretar a morte de um paciente, o cancelamento de uma conta se dá com sinais de descontentamento, desengajamento e outros que veremos mais adiante até o pedido de cancelamento.

Mas até mesmo um pedido de fim de contrato pode ser revertido. Veremos cada ponto um pouco mais adiante, como mensurar o churn com indicadores, descobrir reais motivos de cancelamento e crescer com seus aprendizados

MOTIVOS DE CANCELAMENTO

Para começar vale uma reflexão. Você lembra quais foram os motivos de ter cancelando alguma assinatura como TV a cabo, internet, operadora de celular ou mesmo um simples pedido de comida por tele-entrega? Agora observe se esses motivos também não ocorrem na sua empresa. Há muitas razões para uma empresa cancelar um contrato e, entre os pontos mais em comum, tanto no seu cancelamento quanto no seu cliente, é o descontentamento. Para ilustrar melhor algumas situações seguem aqui alguns exemplos bem comuns:

Não viu valor ou resultados: essa é uma das principais razões de cancelamento. Ele engloba todos os processos. Aqui é importante mapear o trajeto do cliente e ver onde está o "x" da questão e ver se esse ponto se repete em outros cancelamentos.

Acha importante, mas nunca usou direito: a lacuna aqui pode estar no período de onboarding. Conversar com o cliente e saber seu principal motivo de compra é um caminho a ser seguido.

Saiu o *champion* da ferramenta: chamamos de champion o principal usuário da ferramenta da empresa. A saída dele pode ser um grande motivo para cancelamento.

Trocou por um concorrente: usuários da ferramenta não viram valor no produto ou viram vantagens maiores no concorrente e realizaram a troca para outra ferramenta similar.

Funcionalidade inexistente ou limitada: alguma funcionalidade do produto ou perfil de serviço não atendeu as expectativas ou simplesmente não há uma possibilidade que atenda uma nova demanda que o cliente está pedindo.

Teve muitos problemas com o produto: bugs recorrentes ou problemas sem uma resolução são os principais motivos desse pedido de cancelamento. Foco no suporte e desenvolvimento são peças-chave para resolução.

Não pagou no prazo máximo (inadimplência): aqui é preciso entender qual o motivo de não pagar. Não ver o valor na ferramenta pode ser um dos principais motivos.

Foi adquirido por outra empresa: a empresa foi comprada e quem a adquiriu já possui outro software ou não vê valor em manter sua ferramenta.

Questões políticas: a presidência mudou, o CEO foi trocado ou mesmo uma nova gerência podem pedir o cancelamento de seu produto ou serviço.

Término total das atividades: a falência da empresa faz com que o fechamento das portas também encerre o contrato com fornecedores, parceiros e, por consequência, com a sua ferramenta.

Conforme comentamos anteriormente, todos esses motivos são o fim do processo, geralmente a justificativa final de uma série de sintomas que o levaram a pedir o cancelamento. Para uma coleta de dados e estudo posterior é importante registrar o motivo do churn e a data. Mas não se preocupe, há diversas formas que podemos monitorar e observar o comportamento do cliente afim de evitarmos o churn.

FORMAS DE MONITORAMENTO DO CHURN

Vamos bater novamente na tecla de que o cancelamento de uma conta é sintomático. Assim como uma doença que se agrava, o churn vai se desenvolvendo até se tornar algo que não pode ser mais tratado. Para cada fase da jornada de compra que conversamos anteriormente vamos abordar pontos específicos de atenção.

Implementação ou Onboarding: No primeiro contato depois da compra converse com seu cliente para observar se houve quebra na expectativa de vendas até aqui. Verifique ainda se o projeto está alinhado e, além disso, observe os seguintes comportamentos:

- » **Falta de assiduidade:** início do processo tem que haver a empolgação do cliente em querer cumprir os objetivos do onboarding, faltar às reuniões pode ser um indício para sinalizar um alerta
- » **Comprometimento baixo:** não responder os e-mails, não realizar as tarefas agendadas, ser desinteressado nas reuniões, essas são apenas algumas características de baixo comprometimento. Fique atento.
- » **Não compra a ideia das entregas:** em suas conversas e proposta de implementação o cliente acredita que o que você sugere não vem ao encontro ao que ele acha que pode ajudar ou melhorar sua empresa. Alinhar as expectativas pode ser a melhor saída.
- » **Não ativa o básico da ferramenta:** o baixo comprometimento acarreta um sinal de perigo, seu cliente pode simplesmente não ativar a ferramenta. Com a baixa utilização ele não vê o valor adequado e a bandeira amarela pode ser levantada.
- » **Insatisfação com o produto sem ter usado:** uma grande característica resultante geralmente das três apontadas anteriormente. Muitas vezes esse motivo é escondido em diversos outros que mostram um descontentamento sem uso. Fique atento e questione o real motivo para voltar a engajar o cliente.

Adoção ou Ongoing: aqui o relacionamento já possui cerca de, no mínimo, de 30 a 90 dias. Já existe, ou deveria existir, uma rotina de contatos e conversas que aproxima sua empresa de seu cliente. Contudo o dia a dia pode apresentar alguns sinais que mostram indícios de cancelamento em andamento.

- » **Inadimplência:** aqui temos dois pontos diferentes, um que a empresa não está com a data ideal para pagar e por isso atrasa com recorrência (neste caso renegocie a data de pagamento) e a outra, mais agravante, é a fala de uso da ferramenta ao ponto de esquecer de quitar a parcela.

- » **Baixo uso da ferramenta:** em suas conversas de alinhamento ou pelo monitoramento do seu software de gestão é possível observar se o engajamento está baixo. Nos dois casos é muito importante ir a fundo e perceber o que pode melhorar.
- » **Cliente falta às reuniões:** às vezes algumas reuniões podem não acontecer por diversos motivos, mas neste caso é importante ver a quantidade de faltas e observar se o cliente não está fugindo às reuniões. Aqui vale entender o cenário com uma conversa franca e aberta e buscar soluções atrativas para voltar ao engajamento.
- » **Terceirização da reunião:** em muitos os casos para evitar o motivo acima o cliente acaba passando a demanda para outra pessoa. Cabe aqui entender se essa passagem pode gerar ainda mais engajamento ou simplesmente a pessoa que vai participar está ali para cumprir a obrigatoriedade da reunião. Em ambos os casos analise o perfil e busque tirar o proveito ao máximo tentando reuniões com o champion ou gestor da conta para feedbacks.
- » **Uso de outra ferramenta:** cliente já tinha uma ferramenta concorrente e contratou a sua ou mesmo achou interessante ter uma adicional para o mesmo uso.

Renovação: é a reta final do contrato, são os últimos meses que vão determinar se seu cliente vai continuar com você ou irá cancelar, fique atento a todos os sinais já apresentados e lembre-se: ainda há tempo de recuperar.

- » **Foco na dor principal:** fique atento a principal reclamação do seu cliente e vá mais a fundo para entender se o motivo final é realmente esse. Em seguida trace um plano de ação e trabalhe a resolução do problema.
- » **Resolução do problema:** muitas vezes o problema não está em você, mas sim nos processos. Identifique se a questão está no suporte, desenvolvimento ou mesmo em um desalinhamento vindo ainda de vendas. Trate de contornar as objeções e foque nas vantagens de retomar o projeto.

» **Vantagens de retomar o projeto:** com os pontos contornados é hora de dar mais um gás nas ações e voltar às atividades rumo aos resultados. Mostre como seu cliente irá ganhar com a retomada do projeto e renovar será a saída para resultados ainda melhores.

AÇÕES PARA REDUZIR A TAXA DE CHURN

Entendendo o cenário da empresa e onde se encontram os principais gargalos que geram o cancelamento de contas podemos pensar em ações em massa para reduzir o número de churns. Encontrando o foco do problema principal, podemos optar por diferentes estratégias como algumas sugestões a seguir:

Campanhas pontuais de e-mails: algumas campanhas com gatilhos de novas propostas de alinhamento, novas formas de atendimento ou outra necessidade específica pode ser uma boa arma antes da renovação.

Ações promocionais de renovação: descontos para a próxima vigência, pacote de vantagens ou manutenção do preço antigo são algumas estratégias de ações para manter no cliente e fazê-lo renovar.

Otimização do site: fazer ajustes para que os visitantes possam encontrar facilmente o caminho e navegar tranquilamente para o link ou documento de renovação podem ajudar e muito no processo.

Pesquisas de satisfação do cliente: descobrir as necessidades e pontos de insatisfação são armas importantes no processo de renovação. Não deixe de saber a opinião dos seus usuários.

Investimento na marca: de campanhas de fidelidade até ações institucionais, tudo é válido para fortalecimento da marca. Ter um share of mind forte ajuda muito no processo de relacionamento com o cliente e também na renovação.

Acompanhar do NPS: a pontuação vai mostrar quais contas podem ter mais chance de renovação e quais merecem atenção redobrada para focar esforços. Em alguns casos um simples e-mail já alinha tudo, em outros pontos as ligações serão peças-chave para o sucesso.

Ações de up-selling, down-selling e cross-selling: estratégias de negociação são a alma do processo de renovação. Aumentar o valor agregado da ferramenta e conseguir cobrar a mais por isso na recorrência (up-selling), reduzir o valor para manter uma conta (down-selling) ou mesmo somar um novo produto (cross-selling) são pontos de extrema importância para renovar com o cliente.

CLIENTE PEDIU CHURN, E AGORA?

Um e-mail chegou a sua caixa de entrada e é um pedido de churn. O que fazer?

Em primeiro lugar, antes de mais nada, mantenha a calma. É muito comum perder a paciência ou ficar nervoso no dia a dia corrido da vida de um Customer Success Manager com um pedido de churn. Com o tempo você aprende a lidar com essas situações, por isso, veja cada caso com naturalidade e como parte do processo.

A partir disso procure ser o mais rápido possível na sua primeira resposta. Diga ao seu cliente que o cancelamento está em processo e em momento algum dificulte essa transição, isso só vai piorar as chances do seu resgate. Depois disso estude seu cliente, veja seu histórico e faça um plano de resgate. Listo aqui algumas situações e algumas dicas de como contorná-las.

Acha importante, mas nunca usou direito: se o cliente vê valor qual o real motivo do pedido de cancelamento? Como podemos ajudar no caso? Estabeleça aqui um plano de ação com uma meta a curto prazo que possa já mostrar um resultado mínimo no primeiro mês.

Saiu o *champion* da ferramenta: quem assumiu a nova função? Nesse momento todo apoio ao treinamento e habilitação para uso devem ser utilizados para dar apoio e o novo colaborador da empresa ficar ao seu lado para manter o uso da ferramenta e evitar o churn.

Trocou por concorrente: estude a ferramenta concorrente, veja a possibilidade de cancelamento (se há multa, rescisão de contrato), mostre todos os benefícios e diferenciais da sua e apresente as vantagens de ficar com ela.

Funcionalidade inexistente ou limitada: existe uma previsão do time de desenvolvimento para essa funcionalidade existir? Há alguma "gambiarra" no sentido de contornar a objeção e ser possível realizar a tarefa mesmo de que maneira indireta? O cliente realmente precisa disso ou pode seguir sem essa função? Se a resposta a algumas dessas perguntas for sim, há grandes chances de recuperação do churn.

Teve muitos problemas com o produto: como a empresa pode ressarcir o cliente? Se houver uma solução que o faça sentir satisfeito e seu problema sanado, ponto para você! Fique muito atento se há possibilidade de recorrência desse problema, pois o pedido de cancelamento poderá voltar.

Não pagou no prazo máximo (inadimplência): aqui é preciso agir com velocidade. Quanto antes a cobrança acontecer mais chances de pagar e seguir com sua assinatura. Não cobre de forma rígida, mas sim com tom de ajuda e suporte.

Foi adquirido por outra empresa: uma boa chance de reapresentar a solução e buscar o engajamento. Descubra o novo responsável da área e faça uma call de introdução e ofereça um onboarding express se possível sem custo.

Questões políticas: os decisores mudaram, cabe a você entender o novo cenário e entender como a ferramenta poderá se manter. Não é um resgate fácil, porém não impossível.

Término total das atividades: a falência da empresa pode ser um churn impossível de resgatar a primeiro momento, mas se esse mesmo empreendedor tiver um novo plano a caminho veja se sua parceria pode se manter e como você poderia ajudar com o novo sucesso de seu cliente.

Para se ter mais êxito em seus resgates o melhor a se fazer é desenvolver suas habilidades em negociação, entender onde está o senso de urgência e focar de fato no problema do cliente. Em muitos casos a razão do cancelamento é escondida em uma profunda insatisfação a qual só descobrimos com muita conversa e empatia. Vale também ressaltar que houve uma primeira quebra de expectativa e daqui pra frente é necessário uma deadline para readoção do produto ou serviço.

Aqui são apenas algumas dicas e orientações de alguns casos recorrentes, é claro que não existe uma fórmula pronta e vai do seu atendimento entender cada caso e trabalhar com eles.

Como comentei anteriormente, cancelamentos fazem parte do trabalho, por isso não desista e nem faça com que eles estraguem o seu dia.

TAXAS: O QUE É UM CHURN ACEITÁVEL?

Toda a empresa gostaria que seus indicadores de churn fossem zero ou negativo, contudo sabemos que a realidade não é esta.

De acordo com uma pesquisa da SaaS Metrics uma taxa de desistência aceitável depende de dois fatores principais: seus clientes-alvo e o tamanho / momento de sua empresa. Ela ainda toma como base empresas com mais de dois anos.

O estudo tem como referência empresas de fora do Brasil, porém, se formos tomar como base a pesquisa do Sebrae intitulada "Sobrevivência das Empresas no Brasil" de outubro de 2016 vamos observar que cerca de 23% das empresas fecham as portas antes de completar dois anos. A pesquisa ainda aponta que das 2.000 empresas entrevistadas 29% afirmaram que fecharam as portas por não terem clientes suficientes ou forte concorrência.

Com base nas duas comparações e suas semelhanças dividimos a taxa de churn em Micro, Pequenas, Médias e Grandes Empresas.

Microempresas

Para esta modalidade, toda e qualquer conta que venha a cancelar pode ser um forte indício de prejuízo e até mesmo motivo para se fechar as portas. Ao contrário das grandes empresas, uma micro terá poucas oportunidades de upsell, a menos que a própria empresa cresça. Logo qualquer índice apontado aqui seria sensível.

Pequenas e Médias Empresas

De acordo com a SaaS Metrics a taxa de churn aceitável seria em torno de 3 a 5% ao mês, Outra boa referência seria a taxa anual ficar menor que o valor de 10% para negócios saudáveis ou mais rentáveis.

Grandes Empresas

Para empresas com muitas contas a taxa ideal de churn deve ser inferior a 1% e diminuir proporcionalmente ao crescimento da receita. Grandes empresas com receitas recorrentes são consideradas apenas um sucesso se você estiver adicionando mais receita líquida de grandes clientes a cada ano do que no ano anterior.

UMA VERDADE: TODO CLIENTE UM DIA IRÁ CANCELAR

Não importa o quanto você atenda bem ou o quanto sua empresa é a melhor do mercado e nem mesmo o quanto você meça esforços para manter o seu cliente, um dia o ciclo irá acabar e ele deixará sua empresa.

A jornada do cliente é um caminho e como todo trajeto ele possui um começo (a compra) um meio (implementação / adoção / renovação) e um fim com o cancelamento. Durante todo o trajeto do seu cliente o mais importante é que ele tenha tido uma excelente relação com você, sua equipe e seu produto.

Lembre-se: uma boa experiência de saída pode ser melhor que uma de entrada. Faça uma autoavaliação e pergunte-se: a jornada toda do cliente valeu? Se a resposta for sim, ele pode ter cumprido o seu ciclo, mas com certeza a boa impressão poderá render indicações, novos clientes e assim novas jornadas de sucesso dentro de sua empresa.

CHECKLIST DO CAPÍTULO

Veja o que você aprendeu no capítulo 9 sobre churn

- ❏ O que é churn
- ❏ Motivos de cancelamento
- ❏ Formas de monitoramento do churn
- ❏ Ações para reduzir a taxa de churn
- ❏ O que é um churn aceitável
- ❏ Todo cliente um dia irá cancelar

MÉTRICAS DE SUCESSO EM CUSTOMER SUCCESS

10

MINHAS AÇÕES ESTÃO DANDO RESULTADOS?

Depois de ter seu time de suporte atendendo demandas ferramentais e outros pontos importantes, fazer com que sua equipe de implementação e adoção atue para se relacionar e manter seus clientes, além de toda empresa trabalhando em busca do sucesso de seus produtos e serviços chega a hora de entender se estamos no caminho certo.

Como toda rota, é preciso se assegurar de que estamos no trajeto correto e assim como uma viagem tem seus parâmetros (estradas, quilometragem, sinal de combustível, distâncias e quilômetros por hora, por exemplo) nosso caminho no Customer Success também possuem seus pontos de atenção ou indicadores chave de sucesso.

Mais conhecidos como KPIs ou Key Performance Indicator, esses pontos de atenção nos conduzem para o sucesso ou nos ajudam a corrigir a rota para esse destino. Sem esses alertas como podemos saber se estamos tendo sucesso em nossas ações? Quais são os melhores indicativos? Quais devo usar?

Como já abordei em outros capítulos, de fato em Customer Success não temos fórmulas prontas mas sim caminhos e indícios de boas práticas que você pode adotar dentro da sua empresa. O mais importante é ter dados e instrumentos ao seu alcance para mensurar, tomar decisões e não se perder no meio do caminho.

Mas antes de escolher seus dados e sair mensurando é preciso definir parâmetros dentro dos objetivos e das metas da empresa versus sucesso do cliente, por isso fique atento a alguns pontos importantes

LIGUE RESULTADOS AOS SEUS KPIS CORRESPONDENTES

A frase parece ser a princípio óbvia, mas o grande desafio aqui é fazer com que todos compreendam o que está envolvido no processo de sucesso. Ao levantar esses dados é muito comum observar que dentro da própria empresa há diferentes visões do que seja isso.

Definir resultados e parâmetros de sucesso tem que estar totalmente dentro da realidade do dia a dia do Customer Success. Ele precisa ser um grande atuante no processo de implementação do cliente bem como sua jornada até atingir suas metas finais.

Vamos ilustrar com um exemplo, no caso uma ferramenta de CRM médico. Partindo da premissa subjetiva: "Quero que meus processos de cadastros de pacientes sejam mais efetivos". Sendo assim, podemos transformar em um resultado de mensuração objetiva, como "Eu quero que meus funcionários consigam ter mais efetividade nos cadastros em 15%".

CUIDADO COM AS MÉTRICAS DE VAIDADE

Não só no marketing digital existem as métricas de vaidade. Se não forem bem mensuradas as métricas de equipes de Customer Success podem cair na mesma armadilha. Foco apenas no sucesso da empresa com o produto por exemplo pode deixar os clientes felizes por um tempo, mas depois podem questionar se a ferramenta ou serviço oferecido estão realmente trazendo resultados.

Sua jornada de sucesso é para você ou o seu cliente? Aqui devemos verificar se os dados mensurados impactam de verdade nos negócios. Em alguns casos, muitos farão o que você pedir, mas não enxergarão o valor no engajamento. Não adianta ter uma boa nota no NPS se todos os outros pontos não estão de acordo com o que seu cliente realmente quer. O resultado pode ser clientes satisfeitos com sua marca, mas que cancelarão ao fim do contrato mesmo felizes com o relacionamento.

MOSTRE PARA AONDE SEU CLIENTE ESTÁ INDO

Conforme mostramos nos capítulos anteriores aponte para o cliente onde ele está e quais são os próximos passos a seguir. Ter uma jornada clara e quais objetivos e metas a serem atingidas demonstra visualmente ao cliente seu progresso e o incentiva a ir além.

É muito claro quando o cliente entende sua jornada e vê valor no processo. Ter os marcos alinhados ajuda também o Customer Success Manager a observar quais são os pontos de atenção para melhorar seu atendimento bem como o cenário comportamental de suas contas. Cada cliente poderá estar em uma fase diferente. Cabe ao profissional entender os cenários e peculiaridades de cada conta e traçar planos de ações diferenciados.

KPIS NA ÁREA DE CUSTOMER SUCCESS

A seguir vamos apresentar alguns KPIs que podem ajudar e muito em seu negócio. Não há critérios oficiais para uma divisão, mas aqui vamos separar apenas para fins didáticos em 5 grandes grupos:
- » Adoção
- » MRR
- » Churn
- » Feedback do Cliente.
- » Negócios

MÉTRICAS DE ADOÇÃO

TAXA DE ADOÇÃO OU ADOPTION RATE

Para calcular a taxa de adoção, pegue o número total de adotantes e divida-o pelo número total de usuários. Em seguida, compare esse número com um determinado período de tempo para a taxa de adoção.

Podemos usar essa métrica para uma análise de onboarding para vermos o sucesso de cada período analisado e comparamos por mês, ano ou safra (que veremos em análise cohort).

SAÚDE DA CONTA OU CUSTOMER HEALTH SCORE

É o indicador de comportamento futuro do cliente. Ele é responsável por medir a saúde da sua conta ou do seu cliente, indicando possíveis riscos de cancelamento. Com essa métrica, é possível ter uma certa previsibilidade do churn e atacá-lo com mais antecedência.

Antes de implementar o Customer Health Score, é preciso analisar a realidade de sua empresa e adequar cada métrica. Você pode medir o uso da ferramenta, em qual passo da jornada ele se encontra, pedidos ao suporte, reclamações entre outros que possam dar um grau de pontuação e acompanhamento do cliente durante seu relacionamento com você. Há diversas ferramentas que ajudam a direcionar esse trabalho. Veremos isso no capítulo voltado a ferramentas para Customer Success.

MÉTRICAS DE MRR

O MRR, Monthly Recurring Revenue ou Receita Recorrente Mensal, é a métrica com foco na previsão de ganho mensal. É considerado por muitos a métrica mais importante para quem trabalha no modelo de negócio por recorrência, pois se trata da receita da empresa indicar se ela está indo bem ou não. Lembre-se: contas gratuitas, free trials e outros de mesma natureza não entram nos cálculos.

NOVO MRR OU NEW MRR

É a receita de novos clientes que entram para a carteira da empresa. Um exemplo simples: sua empresa adquiriu no mês 5 novas contas de R$ 100,00 cada e 2 novas contas de R$ 300,00 cada. Logo o seu Novo MRR será de R$ 1.100,00.

EXPANSION MRR

Neste mesmo cenário da carteira vamos supor que suas duas contas de R$300,00 agora ganharam um upsell e pagam atualmente R$ 500,00. O seu MRR de Expansão ou Expansion MRR será de R$400,00, ou seja, a soma das diferenças das duas contas (R$ 500 - R$ 300 = R$ 200 [x2]).

CHURN MRR

Tão importante quanto as outras duas métricas, contudo veremos logo a seguir com mais detalhamento.

MÉTRICAS DE CHURN

Medir a taxa de churn significa ter um termômetro de diversas ações de sua empresa. Ter esses dados em mãos é fundamental para que o negócio consiga identificar o próprio desempenho e ter um norte para ações de retenção e expansão de sua base e faturamento.

A seguir temos três formas principais de análise e mensuração:

Logo Churn: identifica o número absoluto de cancelamentos no período analisado. O cálculo se dá pelo total de clientes perdidos no período / total de clientes que existiam no início do período analisado (x100 para se obter o valor %).

Exemplo:
Final do mês de maio 100 clientes
Final do mês de junho: 80 clientes

Logo Churn = 100 - 80 / 100
Logo Churn = 20 / 100
Logo Churn = 0,2

Logo Churn = 0,2 x 100
Logo Churn = 20 %

Revenue Churn: total de receita perdida no período O cálculo se dá pelo total de receita perdida no período / total de receita que existia no período anterior (x100 para se obter o valor %).

Exemplo:
Mês de maio 100 clientes - mensalidade fixa de R$100,00
Mês de junho: 80 clientes - mensalidade fixa de R$100,00

Revenue Churn = (100 x100) - (80x100) / 100 x 100
Revenue Churn = 2.000 / 10.000
Revenue Churn = 0,2

Revenue Churn = 0,2 x 100
Revenue Churn = 20%

Net Revenue Churn: é a receita líquida perdida no período + downsell - (upsells + crossell) / total de receita que existia no período anterior

Exemplo:
Janeiro: 100 clientes - mensalidade fixa de R$100,00
Fevereiro: 80 clientes - mensalidade fixa de R$100,00 + 2 upsell de R$50,00 cada

Total de contas perdidas: 20 clientes - mensalidade fixa de R$100,00
Net Revenue Churn = 20 x 100 -(+50+50) / 100 x 100
Net Revenue Churn = 20 x 100 -(+100) / 100 x 100
Net Revenue Churn = 2.000 - 100/ 10.000,00
Net Revenue Churn = 1.900,00 / 10.000
Net Revenue Churn= 0,19

Net Revenue Churn= 0,19 x 100
Net Revenue Churn = 20%

MÉTRICAS DE FEEDBACK DO CLIENTE

NPS

NPS ou Net Promoter Score é em resumo a disposição do cliente em promover o seu negócio ou não. Para se fazer uso dessa métrica se faz necessário em média um período mínimo de 3 meses para se realizar a pesquisa.

O NPS consiste no seguinte questionamento: "qual a probabilidade de você indicar para seus amigos, familiares e colegas de trabalho?". A classificação da resposta se dá em 3 níveis de acordo com a nota:

Nota de 0 a 6: detrator

Nota de 7 a 8: neutro

Nota de 9 a 10: promotor

Com as notas em mãos podemos classificar em 4 zonas diferentes:

Zona de Excelência: NPS entre 76 e 100

Zona de Qualidade: NPS entre 51 e 75

Zona de Aperfeiçoamento: NPS entre 1 e 50

Zona Crítica: NPS entre -100 e 0

Um exemplo prático: sua base possui um total de 100 clientes em temos 20 detratores, 40 se posicionando como neutros e os demais 40 como promotores da marca. Sendo assim:

Base de clientes: 100
Detratores: 20
Neutro: 40
Promotores: 40

NPS = promotores - detratores / total de respondentes
NPS = 40-20 / 100
NPS = 0,20 x 100 (percentual)
NPS = 20%

Logo a empresa está na zona de aperfeiçoamento

CSAT

O Customer SATisfaction score é uma avaliação da satisfação do seu cliente com o seu serviço em curto prazo. Avaliação do cliente é geralmente mensurada nesse caso em curto prazo ou em alguma situação específica. Pode ser de 0 a 100% ou com notas de 1 a 5. Um exemplo bem comum são as estrelas de 1 a 5 dadas em relação a um atendimento em um aplicativo de transporte. A avaliação não deve sofrer interferência humana no caso, apenas automação.

Outros exemplos usados:

» Feedback de tempo da entrega do produto;
» Avaliação da qualidade do treinamento;
» Nota dadas aos ensinamentos via tutoriais.

No caso do CSAT, podemos usar diversos tipos de perguntas, tais como:

» Como você avalia o treinamento recebido?
» Como você avalia seu atendimento?

» Qual o conhecimento técnico do seu atendente?
» Como foi a condução do seu atendimento?

ÍNDICE DE ESFORÇO DO CLIENTE (IEC) OU CUSTOMER EFFORT SCORE (CES)

Qual a dificuldade na execução de uma tarefa no software? Em resumo o CES mede quanto esforço um cliente teve que exercer para realizar uma determinada tarefa. Ao contrário do NPS a pesquisa não apresenta números para o cliente escolher já que o objetivo aqui é a experiência de uso. A metodologia pode ser aplicada ao final de alguma interação com a seguinte pergunta: De 1 a 5 o quanto foi fácil solucionar o seu problema. Os números representam os pontos:

1 - Muito fácil
2 - Fácil
3 - Normal
4 - Difícil
5 - Extremamente difícil

Sendo assim, temos a forma de calcular em percentuais:

CES = (% clientes que escolheram a opção 1) + (% clientes que escolheram a opção 2)

Logo, com exemplo simples no qual, em um universo de 100 clientes temos 30% com a opção "1" e 20% com a opção "2" e 50% com as demais opções, temos:

CES = %opção 1 + % opção 2
CES = 30% + 20%
CES = 50%

Com todos os KPIs em mãos temos uma métrica muito importante ainda a ser mensurada. Ela vale para o modelo de negócio como um todo, mas podemos abordar aqui também para entendermos o papel do Customer Success na busca pelo melhor ROI.

MÉTRICAS DE NEGÓCIOS

CAC

É o custo que a sua empresa tem para a atrair novos clientes, ou na sigla "Custo de Aquisição por Cliente". Ter esse dado em mãos é uma mensuração que mostra se você está fazendo um bom negócio ou não. Para saber o seu CAC basta ter a seguinte fórmula:

CAC = Custo de mkt + custo de vendas / total de clientes adquiridos

Onde:
» Custo de Marketing: custos de publicidade, o salário dos profissionais de marketing, ferramentas, eventos, entre outros.
» Custo de vendas: custos de seus vendedores, comissões, ferramentas, telefonia, viagens, entre outros.

Vamos agora imaginar que a verba usada de marketing foi de R$ 2.000,00 e a de vendas fora de R$ 3.000,00 para a aquisição de 10 clientes.

Logo:

CAC = R$ 2.000 + R$ 3.000 / 10

CAC = R$ 5.000 / 10

CAC = R$ 500

Mas e se nosso produto custasse apenas R$ 100,00? Neste caso, poderíamos ter prejuízo mesmo com uma venda bem feita, contudo, se for um produto por assinatura em um breve período de tempo poderemos reverter o caso. Sobre esse assunto vamos abordar o LTV.

LTV

LTV ou Livetime Value é o indicador que mostra qual o faturamento médio com um cliente durante o relacionamento dele com a empresa. Aqui o CS tem papel extremamente estratégico na manutenção da conta na sua carteira.

Em um exemplo prático, no primeiro momento nosso cliente de R$ 100,00 seria um grande prejuízo, pois nosso CAC é de R$ 500,00. Contudo, se esta conta ficar mais de 5 meses, a partir daí ela começa a gerar lucro para a empresa.

Vamos supor que nosso cliente fique 1 ano:

LTV = R$ 100,00 x 12

LTV = 1.200,00

Vendo por essa óptica nossa conta daria um lucro de R$ 700,00 e não o prejuízo inicial. Você também pode fazer esse cálculo mais abrangente usando o ticket médio da sua empresa. Para uma análise mais aprofundada vale fazer uso do Cohort.

ROI

ROI é o Retorno Sobre Investimento. Por ser uma métrica de negócios e por isso vai além do papel do Customer Success, deixaremos aqui apenas para fins didáticos, pois esta métrica tem variáveis e responsabilidades por todas as outras áreas da empresa.

A fórmula para saber como vai o seu negócio ajuda a direcionar melhor os seus investimentos. Um ROI positivo significa que vale a pena investir em uma iniciativa, já o negativo levanta a bandeira de alerta para novas tomadas de decisões. Em resumo a fórmula do ROI é a seguinte:

ROI = Receita - Investimento / Investimento x 100

Apesar do cálculo ser simples a complexidade dessa fórmula se apresenta na coleta de dados da receita e do investimento. Receita é tudo aquilo que a empresa arrecada por conta das vendas. Mas o que é papel do marketing, pré-vendas e vendas propriamente dito? Os custos são todas aquelas despesas necessárias para permitir a viabilidade do investimento. Mas o que devemos de fato inserir em nossos investimentos? Fica aqui uma boa pauta para a próxima reunião de time ou diretoria.

MÉTRICAS EM ESTUDO: ANÁLISE COHORT

Uma forma de análise que podemos usar para diferentes métricas ou segmentos é a análise por cohorts. Com ela você pode visualizar os clientes em grupos de acordo com o acontecimento de um evento e a data quando isso ocorreu. Podemos analisar diversos comportamentos das contas como cancelamento de clientes por vendedor, engajamentos em onboardings, tempo de permanência de contas por estratégias de Customer Success, entre outros.

Vamos observar um cohort constituído dos clientes que adquiriram o seu serviço e pediram cancelamento no ano de 2018.

	Contas em atividade em 2018											
	Jan	Feb	Mar	Apr	May	Jun	Jul	Aug	Sep	Oct	Nov	Dec
1	100%	100%	100%	100%	100%	100%	100%	100%	100%	100%	100%	100%
2	100%	100%	100%	100%	100%	100%	100%	100%	100%	100%	100%	
3	100%	100%	100%	100%	100%	80%	80%	80%	75%	60%		
4	100%	100%	95%	85%	85%	80%	75%	75%	60%			
5	100%	100%	95%	85%	85%	80%	75%	60%				
6	100%	95%	95%	85%	85%	80%	60%					
7	100%	95%	90%	85%	75%	75%						
8	100%	95%	90%	75%	60%							
9	100%	75%	75%	60%								
10	60%	75%	60%									
11	60%	60%										
12	60%											

A análise Cohort permite que sejam claramente visualizados padrões ao longo do ciclo de vida de um cliente. Em uma breve análise, percebemos que as vendas realizadas em janeiro tiveram uma safra melhor que abril, por exemplo. Aqui podemos questionar se as vendas de janeiro tiveram um melhor SLA, se o processo de onboarding foi mais eficaz, ou mesmo se o time de Customer Success foi mais atuante. Há diversos tutoriais que explicam como criar essas tabelas. Neste caso, tenha em mãos as datas de suas contas e o prazo de cancelamento de cada uma delas.

ANÁLISES E SEUS CICLOS

Todas estas métricas não devem ser analisadas de forma exclusiva ou desconectadas das demais. Elas precisam estar sempre acompanhadas de um contexto e comparadas mês a mês e em grupos como análises trimestrais e semestrais, por exemplo.

Acompanhe os números e vá além dos dados da sua empresa. Compreender o mercado também pode falar muito do que está acontecendo com suas contas. Sazonalidades, questões de comércio e economia externa, crises setoriais podem afetar diretamente seu modelo de negócio e devem ser consideradas também em suas análises.

Lembre-se, como diz o ditado: contra dados (ou fatos) não há argumentos. Boas análises!

CHECKLIST DO CAPÍTULO

Veja o que você aprendeu no capítulo 10 sobre Métricas de Sucesso

- ☐ O que são métricas para Customer Success
- ☐ Quais são as métricas de vaidade
- ☐ KPIS na área de Customer Success
- ☐ Méricas de adoção
- ☐ Méricas de churn
- ☐ Méricas de adoção
- ☐ Métricas de Feedback do Cliente
- ☐ Métricas de Negócios
- ☐ Análise Cohort

FERRAMENTAS PARA BASE DE CLIENTES

11

Vai chegar um momento em que sua base de clientes não irá mais suportar um controle manual. Não importa quantas planilhas de gestão de base serão feitas, uma hora você perderá o controle da usabilidade dos seus usuários. Mas não pense nisso como algo ruim, pelo contrário, isso significa que seu processo de maturidade aumentou e chegou a hora de escolher um software para gestão da sua base.

Há inúmeras opções no mercado para escolher, contudo, antes mesmo de começar a fazer orçamentos e pesquisar a melhor solução, faça um desenho das suas necessidades. Vamos levantar aqui alguns questionamentos que podem ajudar a desenhar melhor sua necessidade e ajudar a escolher a melhor ferramenta.

PERFIL DE NEGÓCIO

» Quais são as principais características do seu software?
» Quais os seus pontos de ativação da ferramenta?

- » O que são os KPIs de sucesso no seu ongoing?
- » O que você define como Health Score?

ATENDIMENTO

- » Qual o seu perfil de atendimento?
- » Qual seu modelo de atendimento (Low/ Mid / High)?
- » Quais áreas irão usar da sua empresa (Suporte, Implentação, Adoção)?

FERRAMENTA

- » Se o número de contas crescer ele ainda é sua melhor opção?
- » A instalação é fácil?
- » A interface é amigável (fácil de usar)?
- » Consigo passar meus modelos de planilha para a ferramenta?
- » Integra com meus outros sistemas se necessário?

Essas são apenas algumas perguntas pertinentes que você pode levar para fazer sua pesquisa antes mesmo de levantar orçamentos. Escolher uma ferramenta para Customer Success não é uma tarefa que seja feita por impulso. É preciso ter em mãos todos os questionamentos para não correr o risco de futuramente ser obrigado a fazer uma migração forçada para outro software e com isso perder tempo, investimento e dados históricos extremamente relevantes.

Fazendo uma pesquisa de campo e conversando com profissionais de diversos segmentos na área de Customer Success segue uma lista de algumas soluções da área atuando no mercado brasileiro que podem auxiliar no seu dia a dia de gestão de base. Lembrando que esse mapeamento não tem o objetivo de endossar nenhuma ferramenta. Conforme as perguntas feitas anteriormente, cada uma pode ir ao encontro de sua necessidade. Para manter total imparcialidade elas seguem ordem alfabética de apresentação.

Ferramentas para base de clientes | **CUSTOMER SUCCESS**

AMITY

Site oficial: https://getamity.com/

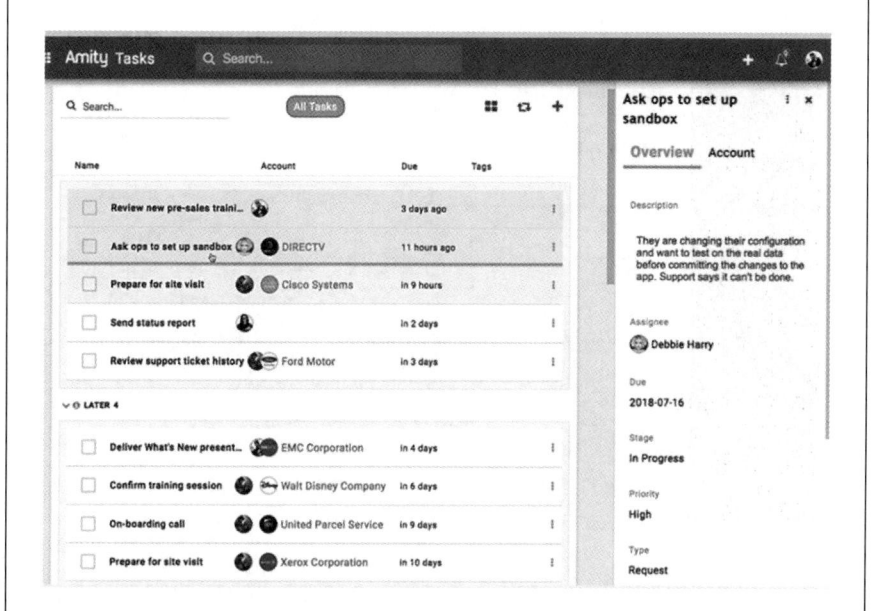

Sua proposta é atuar no sucesso do cliente de forma proativa. Com ele você pode ter uma visão integrada dos dados de CRM, Suporte, Faturamento e outros pontos importantes como o histórico do cliente. Através dela é possível gerenciar o ciclo de vida da conta com pontuações, regras de alerta, notificações e relatórios de análises sobre clientes, equipes, processos e produtos.

A ferramenta ainda possui painéis que resumem as métricas de receita e saúde das contas e personaliza painéis ao estilo "drag-and-drop". Além disso ela integra com diversas ferramentas de CRM, Automação e Suporte.

CLIENTSUCCESS

Site oficial: https://www.clientsuccess.com/

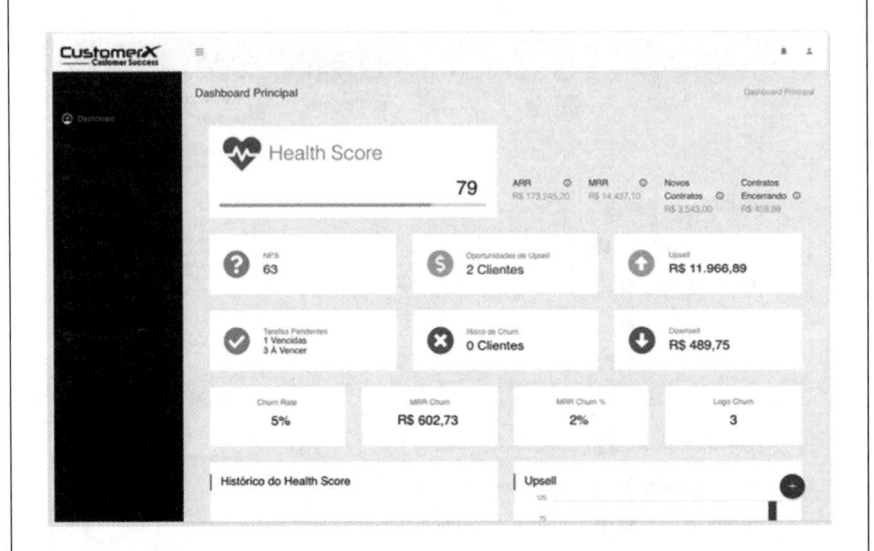

Sua principal proposta é aumentar a retenção de clientes através de processos automatizados. Ela acompanha a jornada do cliente apresentando dados de Health Score, NPS e dados financeiros da base como MRR (Monthly Recurring Revenue) e ARR (Annual Recurring Revenue).

A ClientSuccess ainda oferece formas para rastrear, gerenciar e prever possíveis cancelamentos e disponibiliza relatórios para análises da base. Através do Controle tarefas e agenda de compromissos é possível ter mais agilidade no contato com clientes.

CONPASS

Site oficial: https://www.conpass.io/

O foco da ferramenta é em User Onboarding, seu principal objetivo descrito pela própria empresa é guiar seus usuários passo a passo para o sucesso, além de encantar e reter seus usuários, aprimorando os resultados da plataforma web do cliente por meio de tutoriais guiados, suporte automatizado e outras funcionalidades.

A ferramenta apresenta as funcionalidade de User Onboarding para condução do usuário na plataforma, Adoção de Funcionalidades com criação de fluxos orientados, Suporte Preventivo podendo automatizar o atendimento, Jornada de Compra Guiada com apresentação de produtos relevantes em cada fase, Campanhas de Engajamento com promoção de lançamentos e ofertas dentro de sua plataforma, impulsionando promoções através de pop-ups e fluxos guiados, além da possibilidade de criar Tutoriais Guiados.

DELIGHTED

Site oficial: www.delighted.com/

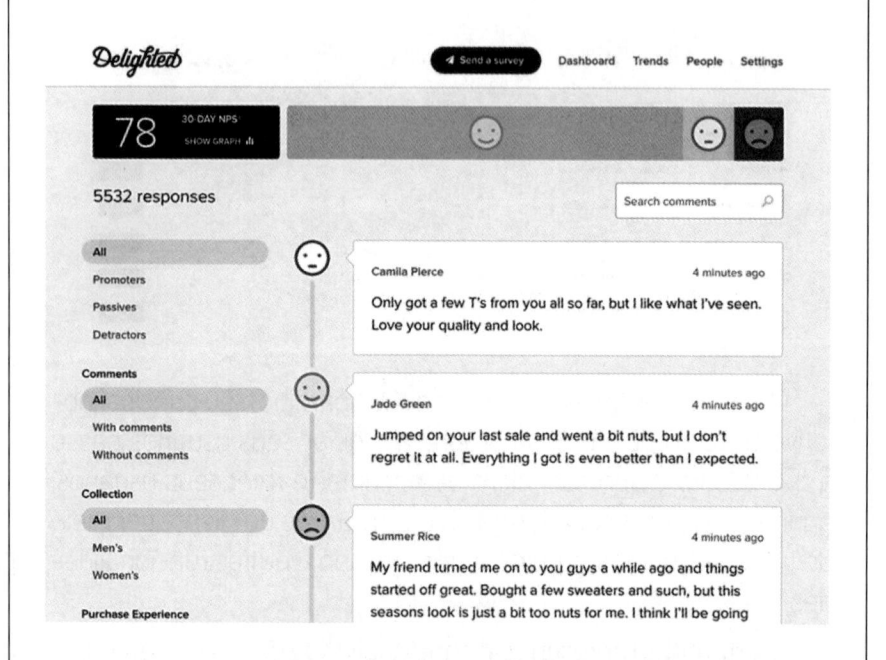

A ferramenta se define como: "A maneira mais fácil de medir, entender e melhorar as experiências do cliente". A Delighted permite que você pesquise até 250 clientes de forma gratuita.

Com ela é possível entender a satisfação de clientes através de pesquisa de NPS, identificar áreas para melhoria com o CSAT e interações via CES. Todas as pesquisas podem ir de forma automatizadas via e-mail, SMS ou via link além de ter uma visão abrangente sobre a entrega de pesquisas, taxas de resposta, taxas de comentários, taxas de rejeição e cancelamentos de inscrição para cada canal de pesquisa.

GAINSIGHT

Site oficial: https://www.gainsight.com/

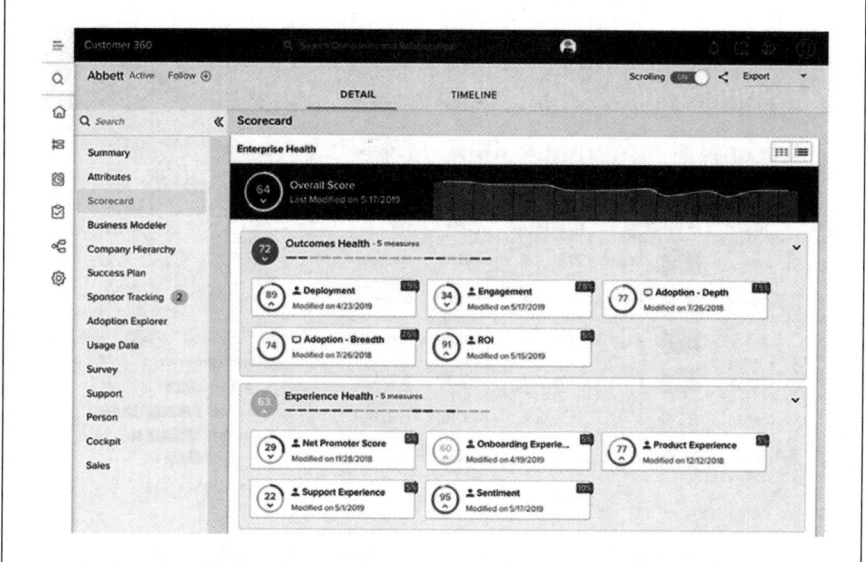

Sucesso nos negócios requer sucesso do cliente. Essa é a proposta da Gainsight que afirma reunir toda a tecnologia que uma empresa precisa para garantir que seus clientes adotem facilmente seus produtos e alcancem os resultados desejados com sua empresa.

Das diversas funcionalidades a empresa apresenta o GainsightCS. Com ela é possível ter uma visão 360º do cliente, mapear contato dos clientes, saúde das contas, identifica risco de em renovações, faz análise preditiva através de pontuações, produz relatórios de overview personalizado entre outras funções.

NATERO

Site oficial: https://www.natero.com

Como a própria descrição da empresa diz: a Natero ajuda o Customer Success a evitar a rotatividade, aumentar a expansão da conta e gerenciar mais clientes com menos esforço.

O software identifica automaticamente os clientes que estão com dificuldades, potencialmente em risco ou que podem expandir e crescer com seus negócios, gerencia a jornada do cliente com automação de fluxos de trabalho e disparos de e-mail. Com ela também é possível ter uma visão clara sobre a adoção do seu produto e escalar processos mesmo com uma grande quantidade de dados.

Ferramentas para base de clientes | CUSTOMER SUCCESS

SENSEDATA

Site oficial: https://www.sensedata.com.br/

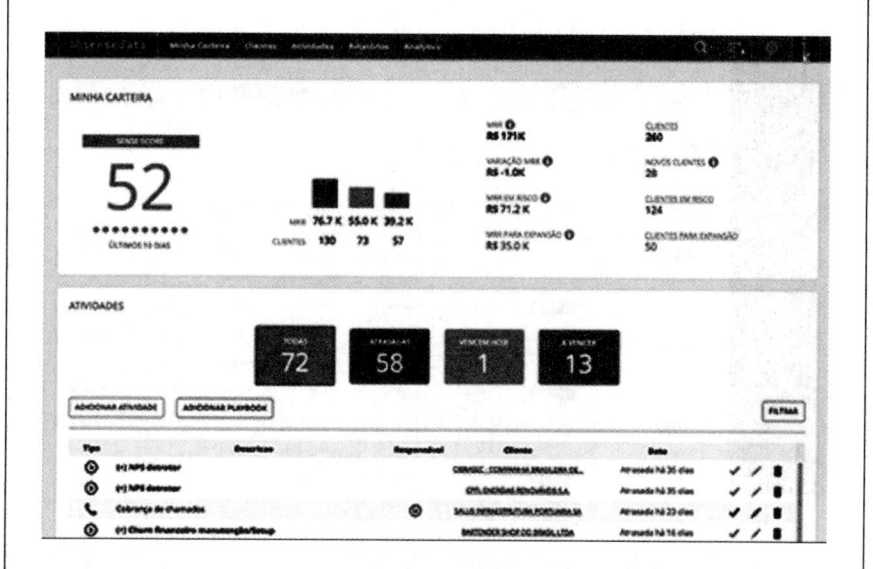

O software de Customer Success do Brasil, usando tecnologia para construir relacionamentos de confiança entre a sua empresa e os seus clientes. Este é o cartão de apresentação da plataforma que promete reduzir o churn, potencializar vendas na base de clientes e ainda desenvolver clientes promotores.

Sensedata possui ainda o Sense Score um indicador que projeta o comportamento e saúde de clientes. A ferramenta conta também com um overview de dashboards possuindo visão 360º com indicadores de gestão (com ARR, MRR, LTV, CHURN e CAC, além de automatizar alertas, playbooks (conjunto de ações) e touch points para ganhar produtividade e se antecipar às necessidades dos seus clientes.

TOTANGO

Site oficial: https://www.totango.com/

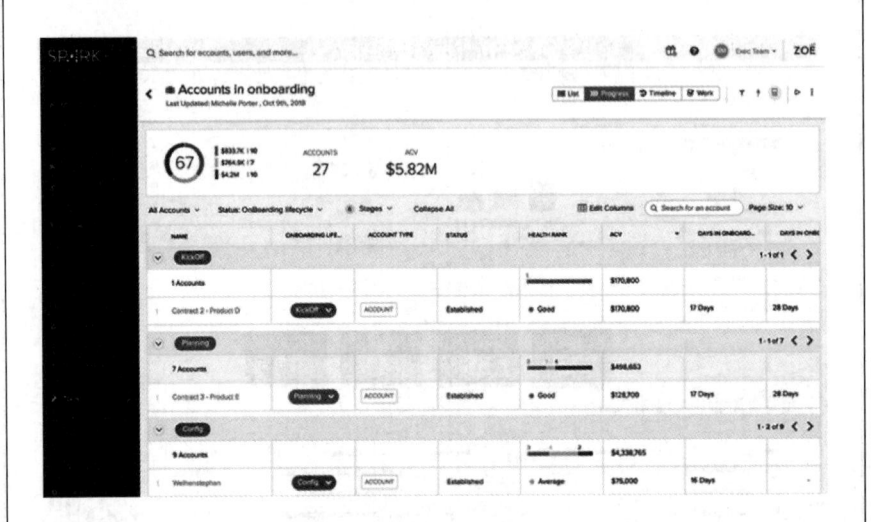

A proposta da empresa com sua solução é permitir que as empresas acelerem o sucesso do cliente, usando as melhores práticas para simplificar e gerenciar todas as atividades de pós-venda.

A ferramenta traz dados de contrato e transacionais, feedbacks de clientes com pontuação de satisfação, dados demográficos e comportamentais de cada usuário único em cada conta, overview de quais recursos estão sendo usados e com que frequência, tickets de suporte técnico e status além da Totango Spark, funcionalidade que oferece às equipes Customer Success as informações e ferramentas necessárias para gerenciar e otimizar toda a jornada do cliente.

Ferramentas para base de clientes | CUSTOMER SUCCESS

WHATFIX

Site oficial: https://whatfix.com

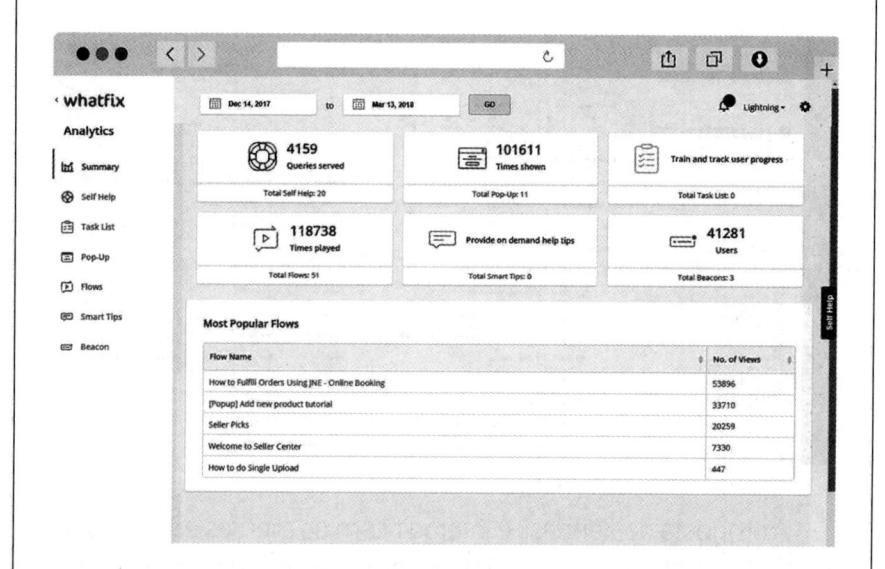

Seu principal objetivo é acelerar a adoção do produto. Ele ajuda na personalização e na experiência de implementação e adoção. Ele cria guias interativos sem uso de códigos, faz o engajamento de usuários em vários pontos de contato como site, bate-papo, base de conhecimento ou LMS (Learning Management System ou Sistema de Gestão de Aprendizagem).

Com ele é possível extrair dados com Health Score e enviar e-mails segmentados dentro do funil de Customer Success. Além disso ele metrifica os dados com análises avançadas e traz uma visão geral de todo o processo.

ZENDESK

Site oficial: https://www.zendesk.com.br/

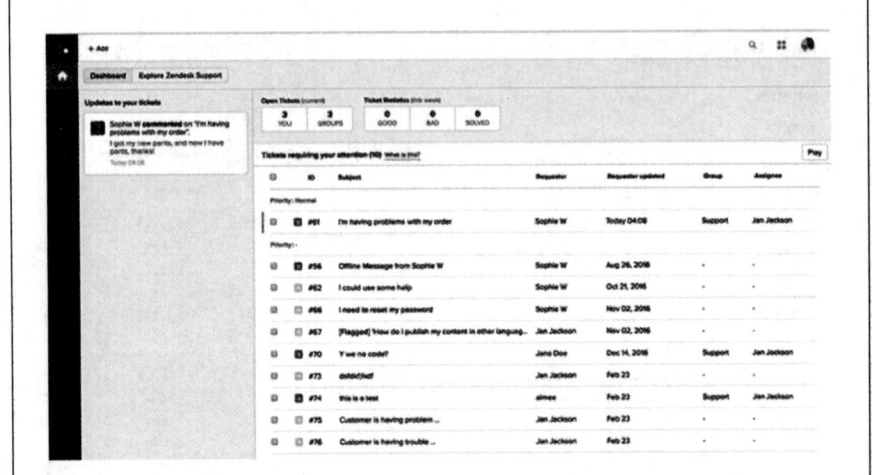

A proposta da Zendesk é interagir com os clientes em qualquer canal. Com ela é possível atender em um só lugar via telefone, chat, e-mail, mídias sociais ou qualquer outro canal criado, priorizando e resolvendo tickets de suporte ao cliente.

Com ele é possível inserir suporte nativo ao site e ter uma Central de Ajuda personalizada, com inteligência artificial e realização e recebimento de chamadas. As ações têm um painel omnichannel em tempo real, além de relatórios históricos que permitem acompanhar o volume de interações de suporte pelos canais em uma visualização única, monitorar a produtividade dos agentes e a satisfação dos clientes.

AO FINAL PARA SUA ESCOLHA

Entenda aqui que as ferramentas apresentadas têm suas vantagens e desvantagens. Todas com suas próprias propostas e diferenciais que só irão valer a pena se você realmente entender qual ou quais delas serão ideais ao seu perfil de atendimento.

Não basta apenas contratar a ferramenta, é preciso "estressá-la", ir além do que o básico oferece. Em qualquer contratação vá a fundo e estude o que ou quais as funcionalidades que podem potencializar seu negócio. Só assim você terá em mãos novos dados e possibilidades de ir muito mais além tanto em retenção quanto na melhora efetiva no relacionamento com os seus clientes.

CHECKLIST DO CAPÍTULO

Veja o que você aprendeu no capítulo II sobre ferramenta para base de clientes:

- ❏ Perfis de negócio
- ❏ Perfil de atendimento
- ❏ Escolha de ferramentas
- ❏ Exemplos de ferramentas no mercado

CANAIS: UM CAPÍTULO À PARTE

12

COMO ESCALAR UMA CARTEIRA DE CLIENTES ATRAVÉS DE CANAIS

Trabalhar com o foco em canais é ter um conjunto de empresas apoiadas através de um programa de parceiros com objetivos e metas que ofereçam benefícios aos participantes. Enquanto o parceiro ganha com força e reputação da marca, a empresa fornecedora do programa ganha poder de venda e expansão de seu mercado.

Parcerias como essas aumentam o potencial de ajudar a otimizar processos, vendas e reter clientes através de fidelização. Uma via de mão dupla realmente eficiente. Não é incomum que muitas empresas levantem a bandeira da sua marca como um apoio ou mesmo se mostrem representantes dela e onde há vantagens também tem responsabilidades.

Você terá uma grande arma para sua expansão de novas contas, mas tenha em mente que sua carteira não estará 100% no controle de suas mãos. Então, como trabalhar a gestão de crise ou mesmo ampliar sua base por meio de canais? Quais são os principais desafios da área de Customer Success de Canais? São essas e outras perguntas que vamos abordar logo a seguir, começando por 5 pontos que você realmente precisa saber:

5 VERDADES SOBRE CUSTOMER SUCCESS DE CANAIS

1 - CANAIS NÃO SÃO FRANQUIAS

No sistema de franquias, o franqueado presta um serviço através de uma marca ou nome comercial licenciados pelo franqueador. Aqui quem usa o nome precisa seguir à risca as regras e ações estipuladas pelo franqueado.

No sistema de Canais geralmente o parceiro vende o produto, contudo, ele segue suas ações de acordo com seus preceitos. Você pode contar com um Programa de Parcerias (seja no modelo de revenda e entrega de serviço juntos ou apenas comissionamento) e apoio com metodologias instruídas em passo a passo pela sua empresa no objetivo de equalizar as ações de seus parceiros além de ter apoio de um time de Customer Success e Vendas.

2 - VOCÊ NÃO TEM O CONTROLE TOTAL SOBRE SEUS CLIENTES

Vamos partir da premissa que o seu atendimento não é direto, logo você fica dependendo das ações e respostas de seus parceiros. Uma tarefa às vezes nada fácil, uma vez que muitas dessas informações ou não são relatadas ou mesmo demoram tempo suficiente para que você não consiga entrar em ação em tempo hábil.

É claro que não são todos os casos, na verdade geralmente são minoria. Mas clientes de parceiros que cancelam a parceria e não avisam à empresa podem ser em números suficientes para não bater a meta do mês ou até mesmo desestabilizar sua empresa dependendo do número de contas ou receita que elas geram.

3 - CLIENTES IRÃO CONFUNDIR SEU TRABALHO COM OS DE SEUS PARCEIROS

Você está gerindo um canal e não está em contato direto com os clientes. Por isso, quando um parceiro seu faz um trabalho que deixa a desejar usando a sua plataforma, produto ou serviço, geralmente o cliente final irá ligar o sentimento de ineficiência dele ao seu serviço e à sua marca.

Reverter esse quadro antes do cancelamento muitas vezes não é uma tarefa fácil. Cabe a quem gerencia o canal tentar deixar claro ao cliente final que ele pode buscar outras saídas seja com outro parceiro, seja com outro tipo de atendimento dado pela empresa a clientes finais. Quanto melhor mapeado os riscos dessa natureza maiores serão as chances de evitar um cancelamento.

4 - PARCEIROS DESALINHADOS NÃO ENTENDEM A PARCERIA

Desde o início é importante deixar claro aos parceiros quais são os pontos da parceria. Trabalhar com canais é ter a liberdade de realizar ações com a marca de forma independente mas deixar claro o que a empresa representa, quais as vantagens da parceria e a contrapartida que precisa ser dada para que os dois lados possam andar juntos.

Quando há um desalinhamento na parceria a comunicação fica atravessada, os benefícios e compromissos podem ficar comprometidos e as expectativas não alcançadas podem frustrar os dois lados. Assim ao invés de negócios promissores podemos ter aqui diversos problemas levando até o fim da parceria.

5 - SUA AJUDA TEM LIMITES

Você tem recursos, conhecimento e habilidades para levar seus parceiros muito mais além. Em um relacionamento através de canais dar o suporte necessário é vital para o desenvolvimento saudável de ambos os lados.

Mas tudo tem limites, muitas vezes o seu parceiro pode querer muito mais do que você pode oferecer ou mesmo irá pedir coisas muito fora do escopo da proposta da parceria. Ex: se você tem um canal de CRM com parceiros seu apoio será muito mais focado na área de vendas e recursos do tema. Porém em algum momento algum parceiro pode solicitar algo totalmente fora do escopo e não será possível dar apoio e suporte de atendimento estratégico. Exemplo: uma consultoria de contratações ou gerenciamento de RH.

É importante deixar claro que você está ali para dar todo o apoio dentro do escopo afirmado, fora isso, ainda é possível ajudar se estiver dentro das suas capacidades, mas isso será um bônus e não uma obrigação de parceria. Deixe isso bem claro.

GERINDO A SUA CARTEIRA

Em se tratando de canais sua carteira será sempre diferente daqueles que tratam com clientes finais, contudo, isso não quer dizer que você não irá cuidar das contas que seus parceiros trabalham, por isso listamos aqui algumas ações importantes para a gestão da sua base. Em muitos casos, as estratégias e tratativas é que terão formas diferentes de serem trabalhadas.

VISÃO TOP DOWN E AÇÃO CROSS

É muito provável que a área de canais terá um número de clientes finais muito maior do que sua área que trabalhe com clientes finais. O objetivo da área é justamente esse, elevar o número de contas da empresa. Sendo assim sua visão Top Down precisa ser aguçada e estar de olho nos pontos de atenção e comportamento de sua carteira de forma global.

Contudo, tenha o foco de que suas ações dependem do apoio de parceiros, logo, analise o contexto da carteira e faça ações cross. Aqui as atividades de uma maneira geral só irão ocorrer se o parceiro lhe der um "ok" e realizar de fato. Tenha um discurso de benefícios de suas ações e procure não impor elas.

SAÚDE DAS CONTAS

Quando seus clientes fazem um uso recorrente da conta contratada isso significa uma conta saudável. Quantos acessos diários seu cliente faz na plataforma? Quantos cliques ou funcionalidades ele faz uso durante a semana? O uso mensal global pelo cliente é satisfatório para adoção? Essas e outras perguntas fazem você mensurar a saúde da conta, tomar ações antecipadas como monitorar possibilidades de upsell ou futuros cancelamentos.

Em canais observe se os seus parceiros possuem pessoas focadas na ferramenta e concentre essa demanda nesses perfis. Quanto mais conseguir descentralizar as tarefas, mais entrosado ao time você fica, maior o número de pessoas apoiando você nas atividades.

INDICADORES DE SUCESSO

O que é sucesso para o seu cliente? Como seus parceiros e você podem juntos chegar a esses objetivos? Para ter essas respostas estabeleça indicadores de sucesso tanto com ações quanto metas que sua ferramenta pode ajudar. Estabeleça também estágios a serem atingidos.

Exemplo:

Estágio 1: configuração inicial da ferramenta (uso mínimo)

Estágio 2: pontos de uso intermediário. (adoção)

Estágio 3: integração com outros apps. (uso avançado)

Aqui em muitos casos vi diversos gerentes de equipes fazerem questão de acompanhar as atividades. Procure aqui ser muito mais um apoiador/incentivador do sucesso do que trabalhar através de um discurso de cobranças. Lembre-se, canais sempre são um trabalho em equipe.

TOUCH POINTS

Como você estabelece contato com sua carteira de parceiros? Ter um contato recorrente, seja semanal, mensal ou trimestral de acordo com a demanda, faz com que você fique mais entrosado com seus parceiros, entenda e atenda melhor suas demandas e deixe sua empresa mais próxima do cliente final de forma indireta, porém com muita qualidade.

Se possível procure sempre achar aspectos que vão além dos tópicos acima: leve novidades da parceria, benchmarks da sua empresa junto a outros parceiros e incentive o desenvolvimento da equipe buscando a melhoria do time. Vá além.

GESTÃO DE CRISE: O QUE PRIORIZAR?

Você terá momento bons e ruins com parceiros, clientes e seu time de canais e, neste caso, não estou citando questões de relacionamento interpessoal, mas sim, com o mercado e suas formas dinâmicas de atuar. Com certeza — e digo com experiência de quem já passou algumas vezes por isso — sua carteira um dia terá uma queda alarmante e decisões precisarão ser tomadas para estancar essa situação. Seguem aqui alguns pontos em ordem de prioridade para você entrar em ação.

CONTAS COM PEDIDO DE CANCELAMENTO

Essa é a prioridade zero para começar a dar a volta por cima. Cada pedido de cancelamento deve ser visto como atividade relevante e se possível a principal do seu dia. Quanto mais tempo você leva para ser reativo, menores são as chances de manter a conta em sua carteira.

Como estamos com o foco em canais, a recomendação é entrar em contato com o seu parceiro e descobrir o panorama da conta. Em muitos casos o parceiro busca o primeiro resgate e só depois entramos em ação, em outros casos as relações entre parceiro e cliente estão desgastadas e seu papel para intermediar a negociação é vital para o resgate. Nas duas situações nunca passe por cima do parceiro, a relação que precisa de mais harmonia nesse caso ainda está entre vocês.

Procure ver as causas de cancelamento e liste-as. A ideia aqui é traçar um panorama (visão Top Down como falamos anteriormente) e observar comportamentos em comum (mês do cancelamento, tempo de conta, se a venda foi alinhada, qual parceiro vendeu, entre outros elementos). Tendo esses dados em mãos, faça uma ação Cross e trabalhe os casos.

INADIMPLENTES

Inadimplência nunca é um bom sinal. Muito pelo contrário, a empresa pode dar a entender que não está dando valor ao serviço prestado, não está com a saúde financeira em boas condições ou, na melhor das hipóteses, está com o seu financeiro desorganizado.

Para saber qual priorizar, observe pontos como a saúde da conta, indicadores de sucesso, assim como o valor da mensalidade e a data de cancelamento. São esses fatores que podem fazer você priorizar e obter mais resultados. Além disso você pode ser oferecer uma nova forma de pagamento que facilite o departamento financeiro do cliente.

RENOVAÇÕES

Qual o tempo de contrato das suas contas? Seis meses? Um ano? De qualquer forma é sempre importante ter um panorama das suas contas ao menos 2 meses antes da renovação. Ter esse tempo ajuda a antecipar possíveis insatisfações, mapear contas em risco de cancelamentos que só estão no aguardo do término de contrato, ou até mesmo fazer uma previsão de demanda de trabalho com as contas que você terá que interagir para renovar.

Cada mês haverá um volume de contas diferente. Para saber qual o seu pico, é interessante saber quais foram os melhores meses de vendas no ano anterior. Isso de certa forma já faz a previsão do volume a ser tratado.

Com os dados em mãos o interessante é entrar em contato com o seu parceiro e verificar como está a relação dele com a conta e só depois, se necessário, entrar em contato direto com o cliente com os dados anteriores já mapeados.

CONTAS FORA DO CANAL

Muitas vezes as contas atendidas por seus parceiros acabam saindo da carteira de clientes. Mapear esse ocorrido é fundamental para a conta não ficar sem atendimento. Clientes insatisfeitos e sem ponto de contato para atendimento de suas demandas podem ter um alto índice de cancelamento.

Para facilitar essa transição crie um processo de passagem do seu time de canais para o time de vendas ou atendimento direto. Todas as informações nessa transição são válidas para essa passagem de bastão ser rápida, efetiva e sem transtornos para todas as partes.

INSIGHTS PARA CANAIS

PROGRAMA DE PARCEIROS

Ao trabalharmos produtos e serviços de recorrência, o principal foco do programa é buscar adotar para o seu parceiro um modelo de receita recorrente e previsível a fim de que seu negócio se torne mais saudável. O programa pode contar com níveis diferentes de parceria. Cada vez que o parceiro gera resultados e cumpre tarefas específicas ele ganha novas vantagens junto a empresa.

A empresa pode estabelecer níveis de comissionamento, novos canais de atendimento (como ter um Customer Success a disposição a partir de determinado nível), maior contato com o time de marketing com acessos facilitados a eventos da empresa ou ações de co-marketing, por exemplo, ou mesmo reuniões fechadas dentro da empresa para apoio ou mentorias.

Suporte no processo educacional também é importante. Disponibilizar em portais o acesso a cursos e certificações, além de especializar os parceiros, demonstra interesse da empresa no crescimento de pessoas e outras empresas representantes da marca.

MARKETPLACE

Reunir todos os parceiros em um só lugar. Em um primeiro momento a ideia parece ser abrir uma concorrência franca, contudo ter uma plataforma com as empresas que representam sua marca, além de dar força a sua própria, mostra também um forte canal facilitador para os clientes.

O Marketplace irá dar credibilidade aos parceiros; é como abrir um leque de opções aos seus clientes em diferentes praças, atendendo aos mais diversos perfis de compra e atendimento. Além disso você pode dividir seus parceiros por níveis de parceria, especialidades de serviços ou localidades de atendimento, por exemplo.

COMUNIDADES

Crie um canal para que seus parceiros possam trocar conhecimento, experiências e fazerem até novos negócios entre si. Uma comunidade pode atuar como um grande facilitador de benchmarking entre profissionais de áreas afins, da mesma forma que o marketplace possibilita gerar exclusividade por níveis de parceria e ser um bônus em seu Programa de Parceiros.

CONTEÚDO EXCLUSIVO PARA PARCEIROS

Crie conteúdos exclusivos para profissionais e prestadores de serviços da sua área. Isso mostra seu conhecimento de mercado e pode atrair novos parceiros a sua rede. Os materiais podem ser escritos por diversas áreas: Vendas, Marketing, Customer Success ou Produto. Tenha foco na sua linguagem de mercado e faça materiais para construção de conhecimento, quebra de paradigmas, dores em suas rotinas, soluções de problemas comuns e provocação de discussões. E lembre-se: sua persona aqui é outra e não seu público final.

Além disso você pode fazer com que seus parceiros também façam parte desta construção de conteúdo, como participar de webinars ou escrever em seu blog colaborando com cases ligados aos seus nichos de atuação.

RELACIONAMENTOS E DRS

DRs ou Discussão de Relacionamento — sinto lhe dizer, mas você terá muitas delas por aqui. Ter um programa de canais é também possuir uma grande abertura junto aos seus parceiros. É estar pronto para receber suas reclamações, problemas e dificuldades. Nem tudo é fácil nem favorável, contudo, receber essas informações será uma grande oportunidade para o crescimento da sua empresa, produtos e serviços.

A área de Customer Success para Parceiros provavelmente será a entrada principal de todas essas questões. Por isso seu time precisa estar bem alinhado a todas as questões do programa e ser muito mais um facilitador do que um solucionador de casos. Defina cada papel de atuação, o que será da sua empresa e o que será de seu parceiro. Trabalhe essa ideia constantemente e fortaleça seus laços. Seu parceiro deve ser um dos principais aliados e defensores de sua marca. Tenha isso em mãos e fará ótimos negócios.

Boas parcerias!

Canais: um capítulo à parte | CUSTOMER SUCCESS

CHECKLIST DO CAPÍTULO

Veja o que você aprendeu no capítulo 12 sobre canais:
- ❏ Como escalar uma carteira de clientes através de Canais
- ❏ Pontos importantes sobre Customer Success de Canais
- ❏ Como gerir a sua carteira
- ❏ O que priorizar em uma gestão de crise
- ❏ Insights importantes para Canais

BIBLIOGRAFIA

AGIUS, Aaron. How to Create an Effective Customer Journey Map [Examples + Template]

Disponível em: https://blog.hubspot.com/service/customer-journey-map/ Acesso em: 22 de junho de 2019.

ALEXA. The Importance of Targeting in Marketing (And How to Include It in Your Strategy). Alexa. Disponível em: https://blog.alexa.com/targeting-in-marketing/ Acesso em: 28 de junho de 2019.

AMITY. Disponível em: https://getamity.com/ Acesso em: 22 de junho de 2019.

ARAUJO, Paulo. Como criar e mediar suas ações de Onboarding!. Disponível em: https://saasholic.com/como-criar-e-mediar-suas-a%C3%A7%C3%B5es-de-onboarding-b6cb3887a112 Acesso em: 20 de junho de 2019.

B2B NEWS NETWORK. Identifying your ideal customer persona (ICP). Disponível em: https://www.b2bnn.com/2017/08/identifying-ideal-customer-persona-icp/ Acesso em: 20 de junho de 2019.

BATISTA, Talita. Onboarding: o segredo para aumentar a retenção de clientes na sua empresa. Disponível em: https://rockcontent.com/blog/onboarding/ Acesso em: 06 de junho de 2019.

BOAG, Paul. Customer Journey Mapping: Everything You Need to Know. Disponível em: https://www.sailthru.com/marketing-blog/written-customer-journey-mapping-need-to-know/ Acesso em: 14 de junho de 2019.

BOAG, Paul. What Is Customer Journey Mapping and How to Start?. Disponível em: https://boagworld.com/audio/customer-journey-mapping/ Acesso em: 13 de junho de 2019.

BOUNDLESS. The Rate of Adoption. Disponível em: http://oer2go.org/mods/en-boundless/www.boundless.com/marketing/textbooks/boundless-marketing-textbook/products-9/the-spread-of-new-products-73/the-rate-of-adoption-367-10584/index.html Acesso em: 12 de junho de 2019.

BUYER PERSONA INSTITUTE. What is a Buyer Persona?. Disponível em: https://www.buyerpersona.com/what-is-a-buyer-persona Acesso em: 27 de junho de 2019.

CALADO, Caio. O que é um chatbot?. Disponível em: https://medium.com/botsbrasil/o-que-é-um-chatbot-7fa2897eac5d Acesso em: 7 de junho de 2019.

CLIENT SUCCESS. Disponível em: https://www.clientsuccess.com/ Acesso em: 22 de junho de 2019.

COHN, Zachary. 18 Tips and Tricks on Conducting A Killer Customer Interview. Disponível em: https://www.slideshare.net/ZacharyCohn/18-customer-interview-tips / Acesso em: 21 de junho de 2019.

COMPASS. Disponível em: https://www.conpass.io/ Acesso em: 22 de junho de 2019.

CORDOVEZ, Diego. [Guest Post] SLA – Sevice Level Agreement Marketing: alinhe marketing e vendas. Disponível em: https://meetime.com.br/blog/marketing/sla-service-level-agreement/ Acesso em: 10 de junho de 2019.

CUNHA, Jorge. O que é o "Customer Journey" ?. Disponível em: https://www.marketing-vendas.pt/2017/05/01/o-que-e-o-customer-journey/ Acesso em: 15 de junho de 2019

CUSTOMER SUCCESS BRASIL. #4 Cliente Cast – Customer Journey – A Jornada do Cliente. Disponível em: http://customersuccessbrasil.com/4-cliente-cast-customer-journey-a-jornada-do-cliente/ Acesso em: 20 de junho de 2019.

CUSTOMERX. Disponível em: https://www.customerx.cx Acesso em: 22 de junho de 2019.

DALAMA, Laryssa. Onboarding e o valor inicial de retenção de clientes. Resultados Digitais, 2017. Disponível em: https://resultadosdigitais.com.br/blog/onboarding-valor-inicia-retencao-clientes/ . Acesso em: 02 de julho de 2019.

DALAMA, Laryssa. How To Use Agile Principles to Deliver Success During the Onboarding Stage. Disponível em:

http://successfulexperiences.com/how-to-use-agile-principles-to-deliver-success-during-the-onboarding-stage/ Acesso em: 08 de julho de 2019.

DELIGHTED. Disponível em: www.delighted.com/ Acesso em: 22 de junho de 2019.

DIGITALKS. Customer journey: tendência de negócios foca em melhorar a experiência do cliente. Disponível em: https://digitalks.com.br/noticias/customer-journey-tendenciade-negocios-foca-em-melhorar-a-experiencia-do-cliente/ Acesso em: 13 de junho de 2019.

DUPON, Emma. The Essential Guide to Customer Onboarding. Amity, 2018. Disponível em: https://customer-success.getamity.com/amity-blog/the-essential-guide-to-customer-onboarding Acesso em: 03 de junho de 2019.

FACINI, Heitor. Como a Resultados Digitais construiu a sua jornada do cliente. Disponível em: https://blog.superlogica.com/xperience/xperience17-guilherme-lopes-resultados-digitais/ Acesso em: 21 de junho de 2019.

FONTANELLA, Clint. How to Calculate Customer Lifetime Value. Disponível em: https://blog.hubspot.com/service/how-to-calculate-customer-lifetime-value/ Acesso em: 12 de junho de 2019.

FRANÇA, Ivanir. Ferramentas de Customer Success: quais usar na sua operação?. Disponível em: https://startupi.com.br/2017/12/ferramentas-de-customer-success-quais-usar-na-sua-operacao/ Acesso em: 22 de junho de 2019.

G2. Best Customer Success Software. Disponível em: https://www.g2.com/categories/customer-success/ Acesso em: 22 de junho de 2019.

GAINSIGHT. Disponível em: https://www.gainsight.com/ Acesso em: 22 de junho de 2019.

GILILAND, Nikki. What are customer personas and why are they so important?. Disponível em: https://econsultancy.com/customer-personas/ Acesso em: 22 de junho de 2019.

GLAGOWSKI, Elizabeth. Customer Experience Moments of Wow. Disponível em: https://www.ttec.com/articles/customer-experience-moments-wow Acesso em: 10 de junho de 2019.

HAVICE, Jennifer. Customer Journey Maps: A Step-by-Step Guide. Disponível em: https://conversionxl.com/blog/customer-journey-maps/ Acesso em: 11 de junho de 2019.

HUGHES, Dan. The Beginner's Guide to Defining Buyer Personas. Digital Marketing Institute. Disponível em: https://digitalmarketinginstitute.com/blog/2017-4-27-the-beginners-guide-to-defining-buyer-personas/ Acesso em: 28 de junho de 2019.

IDEAL MARKETING. O que é CAC e por que esse dado é tão importante para o sucesso da sua empresa. Disponível em: https://www.idealmarketing.com.br/blog/o-que-e-cac/ Acesso em: 17 de junho de 2019.

ISMAIL, Kaya. Enterprise SaaS Churn Rates: What's Acceptable?. Disponível em: https://www.cmswire.com/analytics/enterprise-saas-churn-rates-whats-acceptable/ Acesso em: 10 de junho de 2019.

KATARIA, Puneet. 5 Steps to defining a perfect Customer Onboarding process for a SaaS Customer. Disponível em: https://customersuccessbox.com/blog/customer-onboarding-for-saas-customers/ Acesso em: 01 de junho de 2019.

KLEIN, Enio. 5 dicas essenciais para definir o público-alvo do seu negócio. Disponível em: https://exame.abril.com.br/pme/5-dicas-essenciais-para-definir-o-publico-alvo-do-seu-negocio/ Acesso em: 15 de junho de 2019.

KUMAR, Braveen. The FAQ Page: Why You Need It, How to Build One, and 10 Great Examples. disponível em: https://www.shopify.com/blog/120928069-how-to-create-faq-page Acesso em: 7 de junho de 2019.

KUSINITZ, Sam.The Definition of a Buyer Persona [in Under 100 Words]. Disponível em: https://blog.hubspot.com/marketing/buyer-persona-definition-under-100-sr. Acesso em: 27 de junho de 2019.

LEAD GENIUS. How To Build Your Ideal Customer Profile (ICP). Disponível em: https://www.leadgenius.com/build-ideal-customer-profile-icp/ Acesso em: 20 de junho de 2019.

LEAHEY, Andrew. Software as a Service - Service Level Agreement Template. Disponível em: https://www.andrew.legal/blog/2019/1/18/software-as-a-service-service-level-agreement-template/ Acesso em: 8 de junho de 2019.

LOMA. The ultimate list of 100+ customer experience statistics for 2019. Disponível em: https://lumoa.me/customer-experience-stats Acesso em: 22 de junho de 2019.

LOTAME. Importance of Target Audiences & How To Find Your Target Audience. Disponível em: https://www.lotame.com/finding-target-audience/ Acesso em: 28 de junho de 2019.

MACDONALD, Steven. Five Ways to Deliver Excellent Customer Service. Disponível em: https://www.superoffice.com/blog/five-ways-to-deliver-excellent-customer-service/ Acesso em: 5 de junho de 2019.

MARKET REPUBLIC. How to Create Ideal Customer Profile [FREE Template]. Disponível em: https://www.market-republic.com/blog/ideal-customer-profile/ Acesso em: 16 de junho de 2019.

MARKIDAN, Len. What Are the Most Effective Channels for Customer Support?. Disponível em: https://www.groovehq.com/blog/customer-service-channels Acesso em: 2 de junho de 2019.

METHA, Nick. The Essential Guide to Customer Success. Disponível em: https://www.gainsight.com/guides/the-essential-guide-to-customer-success/ Acesso em: 10 de junho de 2019.

METRIC HQ. Customer Success Metrics. Disponível em: https://www.klipfolio.com/metrics/category/customer-success Acesso em: 12 de junho de 2019.

Bibliografia | **CUSTOMER SUCCESS**

MINDTOUCH DIGITAL TEAM. 6 Customer Success KPIs You Should Care About. Disponível o em: https://mindtouch.com/resources/6-customer-success-kpis-you-should-care-about/ Acesso em: 17 de junho de 2019.

MINDY, Mindy. Target Market Defined. Disponível em: https://www.thebalancesmb.com/target-market-defined-1794389 Acesso em: 28 de junho de 2019.

MOURÃO, Mateus. Glossário de Customer Success: 34 termos e siglas que você precisa conhecer. Disponível em: https://resultadosdigitais.com.br/blog/glossario-de-customer-success/ Acesso em: 20 de junho de 2019.

MOURÃO, Mateus. Glossário de Customer Success: 34 termos e siglas que você precisa conhecer. Disponível em: https://resultadosdigitais.com.br/blog/glossario-de-customer-success/ Acesso em: 20 de junho de 2019.

MURA, Andy. Customer Journey Personalization: The Winning SaaS Strategy for 2019. Disponível em: https://blog.userlane.com/customer-journey-personalization/ Acesso em: 13 de junho de 2019.

MURPHY, Lincol. Understanding Your Customer's Desired Outcome. Disponível em: https://sixteenventures.com/customer-success-desired-outcome Acesso em: 25 de junho de 2019

MURPHY, Lincoln. A QBR is NOT Required for Customer Success. Disponível em: https://sixteenventures.com/customer-success-qbr Acesso em: 18 de junho de 2019.

MURPHY, Lincoln. Desired Outcome is a Transformative Concept. Disponível em: https://sixteenventures.com/desired-outcome Acesso em: 17 de junho de 2019.

MURPHY. Lincoln. User onboarding: o segredo do sucesso do cliente engajado. User Onboarding, 2017. Disponível em: http://useronboarding.com.br/sucesso-do-cliente/ Acesso em: 03 de junho de 2019.

NASCIMENTO, Rodrigo. Glossário de termos técnicos para marketing e vendas. Disponível em: https://www.exactsales.com.br/academia-exact-blog/termos-tecnicos-vendas-e-marketing Acesso em: 18 de junho de 2019.

NATER. Disponível em: https://www.natero.com/ Acesso em: 22 de junho de 2019.

NEOASSIST. O estado do atendimento ao cliente no Brasil. Disponível em: https://docplayer.com.br/58768250-O-estado-do-atendimento-ao-cliente-no-brasil.html Acesso em: 5 de junho de 2019.

NEWBERRY,Christina. How to Build a Buyer Persona (Includes Free Template). Disponível em: https://blog.hootsuite.com/buyer-persona/ Acesso em: 22 de junho de 2019.

NOER, André. Ferramentas para equipes de Customer Success. Disponível em: https://www.linkedin.com/pulse/ferramentas-para-equipes-de-customer-success-andré-noer/ Acesso em: 22 de junho de 2019.

OMNICONVERT. Customer churn rate. Disponível em: https://www.omniconvert.com/what-is/customer-churn-rate/# Acesso em: 11 de junho de 2019.

ON DIGITAL MARKETING. 5 Factors That Influence Technology Adoption Rates. Disponível o em: https://ondigitalmarketing.com/learn/odm/foundations/5-factors-that-influence-technology-adoption-rates/ Acesso em: 17 de junho de 2019.

PATTERSON, Mathew. How to Choose the Right Support Channels for Your Business. Disponível em: https://blog.capterra.com/choose-the-right-support-channels/ Acesso em: 1 de junho de 2019.

PATTERSON, Mathew. How to Set Up Your Customer Support Department from Scratch. Disponível em: https://www.helpscout.com/helpu/customer-support-department/ Acesso em: 3 de junho de 2019.

PICARD, Madeleine. Customer Onboarding for SaaS. Displayr, 2018. Disponível em: https://www.displayr.com/customer-onboarding-for-saas/ . Acesso em: 08 de junho de 2019.

PIPEFY. Customer Onboarding Template. Disponível em: https://www.pipefy.com/templates/customer-onboarding/ Acesso em: 07 de julho de 2019.

PIPERUN. O que é CAC e como reduzi-lo em sua empresa? Veja 5 dicas!. Disponível em: https://crmpiperun.com/blog/o-que-e-cac-custo-aquisicao-clientes/ Acesso em: 16 de junho de 2019.

PLOOMES. Onboarding: o que é e qual a importância para seu negócio. Disponível em: https://blog.ploomes.com/index.php/2018/06/13/onboarding-o-que-e-e-qual-a-importancia-para-seu-negocio/.Acesso em: 08 de junho de 2019.

PROVENZANO, Mérian. Descubra o significado de 78 termos nesse Glossário de SaaS completo!. Disponível em: https://rockcontent.com/blog/glossario-de-saas/ Acesso em: 18 de junho de 2019.

QUALITOR. O que é Service Level Agreement (SLA)? Entenda!. Disponível em: https://blog.qualitor.com.br/o-que-e-service-level-agreement-sla-entenda/ Acesso em: 8 de junho de 2019.

QUALTRICS. What Is Customer Lifetime Value (CLV) and How Do You Measure It?. Disponível em: https://www.qualtrics.com/experience-management/customer/customer-lifetime-value/ Acesso em: 21 de junho de 2019.

QUEZADO, Marília A. Quais métricas precisam estar no meu relatório de Customer Success?. Disponível em: https://pipz.com/br/blog/relatorio-de-cs-e-metricas-customer-success/ Acesso em: 22 de junho de 2019.

RAMDAS, Shreesha. Why is Tracking Customer KPIs Difficult for CSMs?. Disponível em: https://mindtouch.com/resources/why-tracking-customer-kpis-is-difficult-for-csms/ Acesso em: 16 de junho de 2019.

RETURN CUSTOMER. 5 Customer Communication Channels You Need to Improve. Disponível em: https://returncustomer.com/5-customer-communication-channels-you-need-to-improve/ Acesso em: 5 de junho de 2019.

RHYTHM SYSTEMS. Free Guide: KPIs to Drive Your Business. Disponível em: https://connect.rhythmsystems.com/key-performance-indicators-guide/ Acesso em: 17 de junho de 2019.

SAAS METRICS. MRR- Monthly Recurring Revenue. Disponível em: https://saasmetrics.co/monthly-recurring-revenue/ Acesso em: 18 de junho de 2019.

SAAS METRICS. Understanding SaaS: Service Level Agreements (SLA). Disponível em: https://saasmetrics.co/understanding-saas-service-level-agreements-sla/ Acesso em: 9 de junho de 2019.

SAAS METRICS. What is Customer Churn, churn rate? Example. Disponível em: https://saasmetrics.co/churn/ Acesso em: 10 de junho de 2019

SAASOPTICS. Customer Success metrics and KPIs that matter to investors (Part 2). Disponível em: https://www.saasoptics.com/blog/customer-success-metrics-that-matter-to-investors-part-2/ Acesso em: 17 de junho de 2019.

SEBRAE. Sobrevivência das Empresas no Brasil. Disponível em: https://m.sebrae.com.br/Sebrae/Portal%20Sebrae/Anexos/sobrevivencia-das-empresas-no-brasil-relatorio-apresentacao-2016.pdf Acesso em: 10 de junho de 2019.

SENSEDATA. Disponível em: https://www.sensedata.com.br/ Acesso em: 22 de junho de 2019.

SERRANO, Tiago. Customer Journey Map: o que é e como usar para impulsionar seu Customer Experience. Disponível em: https://www.solucx.com.br/blog/customer-journey-map-customer-experience/ Acesso em: 12 de junho de 2019.

SHELLEY, Ed. A Guide to SaaS Customer Onboarding. Chart Mogul, 2018. Disponível em: https://blog.chartmogul.com/a-guide-to-saas-customer-onboarding/ Acesso em: 05 de junho de 2019.

SHOPFY. Buyer Persona. Disponível em: https://www.shopify.com/encyclopedia/buyer-persona Acesso em: 28 de junho de 2019.

SHOPFY.Target Market. Disponível em: https://www.shopify.com/encyclopedia/target-market Acesso em: 28 de junho de 2019.

SILVA, Douglas. O que é SLA, Service Level Agreement, e como ele ajuda sua equipe a vender mais. Disponível em: https://www.agendor.com.br/blog/o-que-e-sla/. Acesso em: 10 de junho de 2019.

SLATER, Rus e VAAGENES, Hans. Identifying the desired outcome. Disponível em: https://uclan.alchemyassistant.com/topics/GVWkwWnsKQZLgn8Q.html Acesso em: 28 de junho de 2019.

STEINMAN, Dan. How to Map the Customer Journey with Engagement Models. Disponível em: https://www.gainsight.com/2017/07/19/map-customer-journey-engagement-models/ Acesso em: 15 de junho de 2019

SUPERLÓGICA BLOG. Churn rate: tudo o que você precisa saber. Disponível em: https://blog.superlogica.com/assinaturas/churn/ Acesso em: 11 de junho de 2019.

SURANA, Nilesh. 10 Customer Success KPIs every SaaS company should track. Disponível em: https://customersuccessbox.com/blog/10-customer-success-kpis/ Acesso em: 17 de junho de 2019.

SURANA, Nilesh. What KPI's are mostly used for the Customer Success team of your company besides the most common one: Customer Satisfaction?. Disponível em: https://www.quora.com/What-KPIs-are-mostly-used-for-the-Customer-Success-team-of-your-company-besides-the-most-common-one-Customer-Satisfaction/ Acesso em: 12 de junho de 2019.

SVENSSON, Marcus. The Guide to Creating A Killer Ideal Customer Profile. Disponível em: https://albacross.com/newsroom/ideal-customer-profile/ Acesso em: 18 de junho de 2019.

TATE, Andrew. How to calculate customer churn rate (+ the best saas churn formula). Disponível em: https://www.profitwell.com/blog/the-complete-saas-guide-to-calculating-churn-rate-and-keeping-it-simple/ Acesso em: 11 de junho de 2019.

TAVARES, Eduardo. Customer Journey – Quando, como e porque mapear a jornada de seus clientes Disponível em: http://customersuccessbrasil.com/customer-journey-quando-como-e-porque-mapear-a-jornada-de-seus-clientes/ Acesso em: 15 de junho de 2019

TAVARES, Eduardo. O desafio de estruturar uma equipe e operação de CS. Disponível em: http://customersuccessbrasil.com/o-desafio-de-estruturar-uma-equipe-e-operacao-de-cs/ Acesso em: 23 de junho de 2019.

TEAM, Mindtouch Digital. What is Customer Success? Mindtouch. 2018. Disponível em: https://mindtouch.com/resources/what-is-customer-success Acesso em: 11 de junho de 2019.

TEIXEIRA, F. Rafael. O que é churn, qual a sua importância e como calcular essa métrica. Disponível em: https://blog.deskmanager.com.br/o-que-e-churn/ Acesso em: 11 de junho de 2019.

TESORE, Fabio. 7 passos para elaborar um bom SLA para Marketing e Vendas. Disponível em: https://www.hookdig.com/blog/7-passos-para-elaborar-um-bom-sla-para-marketing-e-vendas/ Acesso em: 10 de junho de 2019.

THE CUSTOMER SUCCESS ASSOCIATION. The Definition of Customer Success. Disponível em: https://www.customersuccessassociation.com/library/the-definition-of-customer-success/ Acesso em: 11 de junho de 2019.

TOTANGO. Disponível em: https://www.totango.com Acesso em: 22 de junho de 2019.

TUTORBOX. 16 Ferramentas gratuitas incríveis para facilitar a vida do Customer Success. Disponível em: https://medium.com/@tutorboxbr/16-ferramentas-gratuitas-incríveis-para-facilitar-a-vida-do-customer-success-a8b4d90f1170 Acesso em: 21 de junho de 2019.

USER ONBOARDING. Glossário SaaS. Disponível em: http://useronboarding.com.br/universidade-conpass/glossario_saas/ Acesso em: 20 de junho de 2019.

VENTURE CHOICE. Who Is Your Target Buyer?. Disponível em: http://www.venturechoice.com/articles/target_buyers.htm Acesso em: 14 de junho de 2019.

VOITEHINA, Anastasia. Buyer Persona vs. Ideal Customer Profile: How They Help Your Sales. Disponível em: https://cience.com/buyer-persona-vs-ideal-customer-profile/ Acesso em: 20 de junho de 2019.

WAGNER, Diego. Customer Success: Você joga para ganhar ou para não perder?. Disponível em: https://meetime.com.br/blog/atendimento/customer-success-saas/ Acesso em: 9 de junho de 2019.

WANDERER, Dani. How to Measure Customer Success KPI's. Disponível em: https://goquiq.com/measure-customer-success-kpi/ Acesso em: 10 de junho de 2019.

WARD, Shauna. Worksheet: How to Define an Ideal Customer Profile (ICP) for Account-Based Marketin. Disponível em: https://terminus.com/blog/ideal-customer-profile/ Acesso em: 16 de junho de 2019.

WHATFIX. Disponível em: https://whatfix.com Acesso em: 22 de junho de 2019.

WOODFORD, Rachel. The best customer onboarding template. Process Bliss, 2019. Disponível em: https://processbliss.com/the-best-customer-onboarding-process/ Acesso em: 03 de junho de 2019.

WRIGHT, Amy. What is a 'Buyer Persona' and Why is it Important?. Disponível em: https://www.socialmediatoday.com/news/what-is-a-buyer-persona-and-why-is-it-important/507404/ Acesso em: 25 de junho de 2019.

WYZOWL. How To Create A Kickass Customer Onboarding Process. Disponível em: https://www.wyzowl.com/customer-onboarding-process/ Acesso em: 05 de junho de 2019.

YORK, Joel. SaaS Metrics FAQs | What is Churn?. Disponível em: http://chaotic-flow.com/saas-metrics-faqs-what-is-churn/ Acesso em: 13 de junho de 2019.

ZENDESK. Disponível em: https://www.zendesk.com.br/ Acesso em: 22 de junho de 2019.

ZENDESK. The Zendesk customer experience trends reposrt 2019. Disponível em: https://www.zendesk.com/customer-experience-trends/ Acesso em: 26 de junho de 2019

ZIELINSKI, Karol. What Kind of Support Channels Should You Handle in Your Online Business?. Disponível em: https://blog.paylane.com/support-channels-online-business/ Acesso em: 5 de junho de 2019.

DVS EDITORA

www.dvseditora.com.br

Impressão e Acabamento | Gráfica Viena
Todo papel desta obra possui certificação FSC® do fabricante.
Produzido conforme melhores práticas de gestão ambiental (ISO 14001)
www.graficaviena.com.br